오늘부터
나 는
낮 잠 을
잔   다

오늘부터는 나 낮잠 잔다

일과 삶의 균형을
찾아줄 작은 습관

정지은 지음

WINNER'S BOOK

CONTENTS

PART 03
낮잠으로 능력, 행복, 건강 모두 얻기

〈능력편〉 낮잠으로

〈행복편〉 낮잠으로

PART 06

다양한 낮잠 활용 사례(ft. 낮잠 카페 손님들)

왜
낮잠일까?

왜 나는 낮잠에 관심을 갖게 되었을까? 의사도 아니고 수면 연구자도 아닌데 대체 왜 나는 뜬금없이 낮잠이 필요하다고 주장하는 걸까? 지금부터의 이야기는 낮잠을 통해 바라본, 한국에서 열심히 살아가는 직장인들과 매일 쌓이는 피로와 스트레스를 어떻게 해결해야 할지 모르는 채로 불안하게 살아가는 우리 모두의 이야기다.

직장인들의 일상과 피로

나는 유난히 직장인들의 삶과 인연이 깊다. 나도 남들과 다를 것 없는 직장 생활을 했었지만, 뉴욕과 한국에서 회사를 다녔기 때문에 다양한 국적의 직장인을 만났다. 회사를 그만두고 기업을 대상으로 하는 강의를 할 때는 수많은 업계에서 다양한 직급의 직장인을 만났고,

'낮잠' 카페를 창업하면서부터는 더 많은 직장인의 모습을 마주할 수 있었다. 그래서 이들의 하루가 피로와 스트레스로 얼마나 지쳐 있는지 너무나 잘 안다. 반복되는 회사생활과 일상의 박탈로 느끼는 상실감과 회의감에도 누구보다 깊이 공감한다. 쳇바퀴처럼 굴러가는 하루가 쌓이면서, 그들은 서서히 지쳐갈 뿐 아니라 개인의 삶마저 의미를 잃고 위태로워지고 있었다. 나 역시 그 속에 있었고, 그 불안을 어떻게 헤쳐 나가야 할지 몰라 방황했다. 이대로 괜찮은 건지, 어떻게 해야 건강하고 행복하게 살 수 있을지, 어떻게 원하는 것을 이루면서 살 수 있을지 알 수가 없었다.

회사에 다닐 때는 야근으로 밤 11시가 넘어서야 집에 도착한 적도 종종 있었고, 일찍 퇴근하고 집에 와도 이미 늦은 저녁이었던 경우가 대부분이었다. 저녁을 먹고 나면 이미 하루가 다 지나가 버렸다. 회식은 왜 그렇게 자주 하는 건지, 그리고 회식 자리는 왜 그렇게 힘들고 긴 건지. 그냥 저녁만 먹고 헤어지면 딱 좋겠는데 2차, 3차까지 끌려 다니다 보면 이미 밤 12시가 훌쩍 넘어 버렸다. 내 개인 시간은 거의 없었다. 퇴근 후에는 피곤하고 시간도 없었지만 단 몇 시간이라도 집안일을 하거나 TV나 책이라도 보고, 친구들을 만나면 잠자는 시간은 턱없이 모자랐다. 7시간 이상 잔 적이 거의 없었고, 6시간을 자도 많이 자는 것이었다. 중요한 프레젠테이션 준비를 하거나 동료와 술이라도 한잔하다 보면 4시간도 채 자지 못했다. 일이 더 중요하지 잠을 자는 게 중요하다고 생각해 본 적이 없다. 피로와 스트레스가 계속 쌓이면서, 피곤해도 잠을 설치고, 자고 나서도 개운하지 않은 수면 문제가 생겼다. 아침에 10분 단위로 알람을 3~4개나 맞춰도 일어나기 힘들었고 입맛도 없어 아침밥은 건너뛰기 일쑤였다. 오전 내내 머리가 멍해서 좀처럼 집중하기도 힘들었다. 잠이 항상 부족하다고 느꼈지만 특별한 해결 방법은 없었다. 주말엔 아침 10~11시까지 늘어지게 늦잠을 자고 나면 어느 정도 피로가 회복되는 것 같았고, 그럼 다시 돌아오는 한 주를 버틸 힘이 생긴다고 믿었다. 하지만 시간이 갈수록 월요병은 심해졌고, 점심을 먹고 나면 몰려오는 졸음과 사투를 벌여야만 했다. 내려오는 눈꺼풀을 감당하지 못하고 일하는 척 모니터를 쳐다보면서 꾸벅꾸벅 졸기도 했다. 너무 힘들다 싶으면 탕비실에 가서 커피를 타 마시거나 카페에 가서 달콤한 카페라테를 사다 마셨다. 그래야 오후를 버틸 에너지가 생기고 업무에 집중할 수 있었다. 야근이나 회식을 한 다음 날은 술 취한 사람처럼 정신이 하나도 없고, 머리가 멍해 일을 제대로 할 수가 없었다. 경영진을 원망한 적도 많다. 전날 야근이나 회식을 하게 했으면 다음 날은 좀 더 늦게 출근하게 하거나, 아니면 쪽잠이라도 잘 수 있도록 회의실에 간이 침대라도 만들어 줘야 하지 않느냐며 속으로 욕도 엄청 했다. 이해가 되지 않았다. 피곤할수록 업무 효율이 떨어진다는 당연한 사실을 모르는 사람이 있을까? 일 때문에 잠도 못 자고 만성피로에 시달리는데, 회사는 왜 그 문제를 각자 알아서 해결해야 하는 것으로 여기는지 이해할 수 없었다. 나는 항상 '피곤해 죽겠다'는 말을 달고 다녔다. 그렇지만 원래 직장 생활이 그런 거라고 생각했다. 매일 쌓이는 피로와 스트레스를 어떻게 풀어야 할지 몰랐고 그저 일 년에 한 번 휴가로 해외여행을 다녀오는 것이 일상에서의 탈출이자, 쌓인 스트레스와 피로를 날려 버리는 유일한 휴식방법이었다. 하지만 그것도 그때뿐이지, 휴가가 끝나면 다시 똑같은 일상이 반복됐다.

나는 회사를 그만두고 임직원을 대상으로 영어 교육을 하는 기업 강의를 시작했다. 이 일을 하면서 나는 회사원들의 삶과 그들의 피로를 더욱 적나라하게 목격하게 되었다. 회사에서 강제로 들으라고 해서 억지로 앉아 있긴 하지만, 전날 야근하고 잠도 몇 시간 못 자서 눈이 퀭한 직원들의 모습을 보면 어찌나 짠하던지. 출석 체크를 해줄 테니, 나가서 30분이라도 자고 오라고 내보낸 적도 있었다. 그리고 어느 회사를 가더라도 점심시간을 이용해 사무실 책상에 엎드려 쪽잠이라도 자려는 직원은 항상 있었다. 회사를 벗어나 쉴 수 있는 유일한 자유 시간인 점심시간마저 포기하고 쪼그려 잠을 청할 만큼, 많은 직장인이 수면 부족과 피로에 힘들어하는 게 현실이다. 유럽에는 '시에스타'라고 하는 낮잠 문화가 있는데, 아니 멀리 갈 필요도 없이 가까운 중국만 해도 점심 식사 후 잠을 자는 문화가 있는데, 잦은 야근과 회식으로 개인 생활이 위협받는 한국 사회에 낮잠 문화가 없다는 게 안타까웠다. 게다가 한국에는 골목마다 카페가 즐비한데, 제대로 된 휴식 공간이 하나도 없다는 게 항상 마음에 걸렸다.

낮잠으로 직장인들의 피로를 회복하자

그러던 어느 날, 나는 잡지에서 해먹 사진을 발견하고 이거다 싶은 생각에 바로 사업 아이디어를 떠올렸다. 실내에 해먹을 걸어 두고 카페처럼 개방된 공간으로 꾸며, 누구나 부담 없이 낮잠을 즐기는 공간. 이름도 '낮잠, naZzzam(Zzz는 코고는 감탄사)'으로 지었다. '이거다, 이 아이디어면 집 밖에서도 쉽게 낮잠을 잘 수 있겠는데? 왜 아무도 이런 생각을 안 했지? 내가 한번 해볼까?' 하는 생각이 들었다.

나는 소상공인진흥공단의 '신사업 창업 아이디어 공모전'에 이 아이디어를 냈고, 덜컥 최우수상을 받았다. 그 후 모든 것은 일사천리로 이뤄졌다. 2014년 8월에 한국 최초이자 유일한, 직장인들을 위한 낮잠 공간인 '낮잠 카페'를 오픈했다. 6월에 수상하고부터 오픈하기까지 겨우 3달 안에 모든 것이 초스피드로 진행된 것이다. 사업 운영 지식과 경험이 전무한 상태로 무작정 시작한 사업이었다. 남들이 미쳤다고, 그런 사업은 들어본 적도 없다며 안 된다고 말해도 나는 이 서비스가 한국 사회에 반드시 필요하다고 믿었기 때문에 시작할 수 있었다. 그때부터 나는 낮잠의 중요성, 특히 수면 부족과 만성피로로 힘든 직장인들에게 낮잠의 필요성에 대해 알렸다. 현대인들에게 낮잠 카페는 가장 필요한 공간이며, 하루에 한 번은 꼭 낮잠으로 쉬어야 한다고 주장했다. 오픈 2달 만에 낮잠 카페는 각종 미디어에 소개되었고, 국내뿐 아니라 해외 언론사와 방송사에서도 폭발적인 관심을 보였다. 그로 인해 '직장인들의 피로와 낮잠', '현대인들의 수면 부족 문제' 등의 이슈와 함께 쉬쉬하면서 몰래 자던 낮잠이 수면 위로 올라오며 서서히 낮잠 자는 것을 자연스럽게 여기게 되었다. 가장 큰 변화는 카페에서 커피를 마시는 것처럼 낮잠이 필요하면 낮잠 카페에서 간편하게 잠을 즐길 수 있고, 무엇보다 낮잠을 당당하게 쉴 수 있는 것으로 인식하기 시작했다는 것이다. 그때부터 낮잠으로 내 인생은 완전히 변하기 시작했다. 회사를 다닐 때도 낮잠이 절실했던 순간들이 있었고 기업 강의를 하면서 수많은 직장인들의 피로를 마주했지만, 나도 남들처럼 낮잠을 자는 것이 그렇게 중요하다고 생각하지 않았다. 그런데 하루 활동 중 낮잠을 자는 것이 매우 중요하다고 주장하게 된 가장 큰 이유는 낮잠 카페를 운영하면서 수많은 사람들의 피로를 목격했고, 겨우 30분에서 1시간 남짓의 낮잠으로 그들이 어떻게 변하는지 그 놀라운 변화를 옆에서 지켜봤기 때문이다. 그리고 낮잠으로 완전히 새로운 일상을 갖게 된 나의 경험도 바탕이 되었다.

무너지는 일상을 방치한 결과

이런 폭발적인 관심이 고맙기도 했지만, 초보 창업가였던 나의 삶은 무너지기 시작했다. 낮잠 카페 오픈 이후로 1년 이상 잠을 제대로 자본 적이 없었다. 차만 타면 기절하고 머리만 누이면 바로 잠들었는데 언제부터인가 불면증이 생겼고, 새벽에도 3, 4번은 깼다. 식은땀에 흠뻑 젖어 옷을 갈아입지 않으면 안 될 정도였고(나중에 이게 우울증 증상인

줄 알게 되었다) 명색이 낮잠 카페 창업가이고 '낮잠' 대표라고 불렸으면서 창업 후에는 단 한 번도 낮잠을 자 본 적이 없었다. 가장 먼저 수면이 무너지기 시작했다. 만성으로 이어진 수면 부족과 피로는 서서히 신체뿐 아니라 정신적 체력까지 떨어트리며 일상을 위협하기 시작했다. 식습관도 불규칙하고 엉망이 되었고 운동을 신경 쓸 체력도 남아 있지 않았다. 그렇게 건강은 계속 악화되면서 스트레스와 외부 환경에 대응하는 능력이 현저히 떨어졌고 마음에도 병이 났다. 툭하면 짜증을 냈고, '누구 하나 걸리기만 해봐라' 하는 심정으로 긴장과 불안이 온몸을 가득 채웠다. 조그만 자극에도 놀라고 당황했으며 극도로 예민해졌고 주위 사람들에게 화를 냈다. 당연히 아무도 날 좋아하지 않았다. 매일 '그냥 죽고 싶다, 그냥 내가 사라져 버렸으면 좋겠다.'는 생각을 했고, 내가 하는 일이 아무 쓸모없다고 여겨졌다. 내가 좋아서 시작했으면서 낮잠 카페가 싫어지기 시작했다. '내가 왜 이 일을 하고 있는 거지? 대체 누구 좋자고 이걸 하고 있는 거지?'라는 생각에 분노가 치밀기도 했다. 그러다 어느 날, 갑자기 숨을 쉴 수가 없을 만큼 답답해서 자고 있던 손님들을 모두 깨워서 내보내고 무작정 길로 뛰쳐나갔다. 그렇게 5분 정도를 미친 듯이 걷다가 근처 현대 미술관 옆 골목에 들어가 정말 목 놓아 울었다. 꺼이꺼이. 지나가던 사람들이 힐끗힐끗 쳐다봤지만 제정신이 아니었다. 그리고 그다음 날 대학 병원을 찾아가 정신과 치료를 받기 시작했다.

모든 문제의 원인은 수면 부족과 피로!

여기까지가 만성 수면 부족과 피로로 무너지는 일상을 방치해서 얻은 무시무시한 결과이다. 낮잠의 필요성을 누구보다 잘 알고 있어서 낮잠을 잘 수 있는 공간까지 만들었지만, 정작 나는 내 휴식과 수면을 전혀 돌보지 않았던 것이다. 물론 그때도 뭐가 문제인지도 몰랐고 그저 단순히 스트레스가 심한 정도인 줄만 알았다. 롤러코스터 같은 감정 상태와 불안, 초초, 공황장애, 불면증, 그리고 극심한 우울증까지. 그 비극의 시작과 원인은 바로 만성 수면 부족과 피로에 있었다는 사실을 몰랐다. 아무리 외부 자극과 스트레스가 심한 상태였어도 잠을 잘 자고 잘 쉬어 주어 몸이 건강했으면 모두 극복할 수 있었던 문제들이었다. 아니, 하루에 단 한 번이라도 낮잠을 즐겼더라면. 정신력이 약해서 그런 것도 아니었고 환경 탓도 아니었고 원인은 나 자신의 건강을 돌보지 않은 탓이었다. 그리고 그 중심에는 수면 문제가 있었다.

그래서 수면에 대한 자료를 뒤지기 시작했다. 국내외 책과 자료들을 찾아보고 인간에게 수면이라는 활동이 어떤 의미인지, 수면 부족이 어떤 영향을 미치는지, 낮잠이 왜 필요한 것인지 등에 대한 수많은 자료들을 찾아보기 시작했다. 그러면서 내가 그동안 얼마나 나의 수면에 대해 무지했는지, 수면 관리가 얼마나 중요하고 그동안 내가 그렇게 중요하다고 주장하고 다녔던 낮잠이 의학적으로도 얼마나 커다란 효과가 있는 것인지 알게 되었다. 놀라움을 넘어서 이렇게 중요한 사실을 대부분의 사람이 모르고 있다는 사실이 안타까웠다. 왜 사람들이 이렇게 중요한 수면에 대해 지금껏 관심을 갖지 않았는지 의아했다. 실제로 국내 수면 관련 자료나 책자도 거의 희박하다. 대형 서점에서 수면 관련 책을 검색해 봐도 겨우 10권 남짓이다. 그마저도 일본이나 미국에서 번역된 책들이 더 많았고 국내에서 발간된 책이나 연구 자료들도 대부분 '잠을 잘 자는 방법, 불면증, 우울증' 등 수면부족 문제로 생기는 현상에만 초점이 맞춰져 있을 뿐이지 수면이라는 활동 자체의 중요성에 대한 연구 자료는 거의 없었다. 최근 들어 만성피로, 비만, 고혈압, 심장 질환, 우울증 등 현대인들을 괴롭히는 병의 원인이 수면에 있다고 밝혀지면서 다행히도 개인뿐만 아니라 기업에서도 수면에 관심을 기울이기 시작했다. 이제는 전 세계적으로 수면 연구가 활발하게 진행되고 있다. 수면은 단순히 밤에 자는 잠만 일컫는 말이 아니다. 밤잠과 낮잠, 그리고 휴식을 통틀어서 수면이라고 한다. 그렇기 때문에 수면관리 차원에서 낮잠을 자고 휴식을 취해 주는 것이 밤에 7~8시간의 충분한 숙면을 하는 것만큼 매우 중요하다. 그리고 바쁜 우리들이 7~8시간의 잠을 잔다는 것은 현실적으로 어려운 일이기도 하다. 그래서 낮잠으로 휴식을 취하는 것뿐 아니라 부족한 수면을 보충해 주는 일은 더더욱 중요해진다.

낮잠으로 건강해진 일상

그 당시에는 명색이 '낮잠' 대표지만 낮잠을 어떻게 자야 하는지, 얼마나 자야 하는지, 왜 자야 하는지 등에 대해 아는 게 하나도 없었다. 낮잠은 그저 점심을 먹고 졸리면 자는 것이라고 생각했다. 그런데 수면 관리를 시작하면서 올바른 낮잠 방법을 알고 낮잠 훈련을 하기 시작하면서 건강한 낮잠 습관이 만들어졌고 그 후로 내 하루는 완전히 달라졌다. 체력이 좋아졌을 뿐 아니라 정신적으로도 건강해졌고 심지어 조급해하고 예민하던 성격까지 느긋하게 바뀌었다. 감정 기복이 줄어들었을 뿐 아니라 웬만한 건 스트레스로 여기지 않을 정도로 스트레스가 아예 사라지는 놀라운 경험을 하면서 낮잠의 효과를 몸소 느끼게 되었다. 낮잠으로 보낸 시간은 낮잠 후 높아진 집중력 덕택에 일의 속도가 단축되어 오히려 시간을 벌어 주었고, 낮잠으로 일의 성과는 오히려 더 좋아졌다. 그리고 낮잠을 자면서 피곤하다는 생각을 해본 적이 거의 없을 정도로 하루 종일 에너지가 넘치게 되었다. 게다가 규칙적으로 낮잠을 자기 시작하면서 밤에 잠을 더 잘 자게 되었다. 낮잠으로 하루의 긴장과 스트레스도 없어져 밤에 자려고 누울 때마다 쓸데없는 걱정거리나 잡생각 등으로 머리가 무거운 상태가 아니라 가뿐하게 이불 속에서 휴식을 취할 수 있게 되었다. 심지어 숙면할 생각에 기분이 좋아지고 맞이하게 될 활기찬 아침을 생각하면 설레기까지 한다. 결국 낮잠으로 수면도 정상으로 돌아왔고 건강을 되찾았을 뿐 아니라 행복하고 만족스런 삶을 즐길 수 있는 건강한 생활 습관까지 갖게 되었다.

그래서 사람들에게 낮잠을 꼭 자라고, 그리고 반드시 올바른 방법으로 규칙적으로 낮잠을 자보라고 얘기하게 된 것이다. 낮잠을 자자고 얘기하는 것은 현실과 동떨어진 여유를 부리자는 것이 아니다. 낮잠은 일상에 지친 우리가 어쩌면 유일하게 취할 수 있는 휴식이자 나에게 해줄 수 있는 가장 쉬운 투자인 셈이다.

일 년에 한 번 해외로 여름휴가를 떠나는 것이 일상을 지탱해 주지 못한다. 일주일 남짓의 일상에서의 탈출이 당신의 삶을 변화시키지도 못하고, 당신이 겪고 있는 문제를 해결해 주지 못한다. 일상 속에서 적절한 휴식을 취하는 것이 인생의 균형과 성공, 그리고 행복을 찾도록 해준다. 그렇게 된다면 지금 나를 괴롭히는 힘든 일도, 불만족도, 스트레스도 사라질 것이다.

당신은 잘 자고, 잘 쉬고 있는가?

지금까지 당신은 아마 낮잠을 잔다는 것은 자신과는 상관없는 일이라고 생각했을 수 있다. 잠 잘 시간도 없는 마당에 무슨 낮잠이냐고 생각할지도 모른다. 하지만 바로 그런 당신이 오늘부터 당장 낮잠을 자야 하는 사람이다. '나는 괜찮다.'가 아니다. 당신은 절대로 괜찮지 않다. 이미 당신의 하루는 흔들리고 있고, 당신의 건강은 점점 나빠지고 있고 당신의 인생은 길을 잃고 있다. 당신의 몸은 쉬고 싶다고 계속 신호를 보내지만 문제는 당신이 듣고 있지 않다는 사실이다. 잠을 좀 못 자도, 피곤하지만 굳이 쉬지 않아도, 스트레스로 힘들지만 그래도 당신은 '나는 괜찮다.'라고 말하며 이 정도는 별일이 아니라고 생각하고 계속 앞만 보고 달린다. 아니 어쩌면 모든 사람이 다 그렇게 사니까 나만 유별나게 힘든 티를 내면서 능력 없는 사람이 되고 싶지 않아서일 수도 있다. 그런데 정말 당신이 괜찮은 거라면 당신은 지금 이 순간 행복해야 한다. 지금 하고 있는 일도 즐기고 있어야 하고 불만이나 불평 거리가 없어야 한다. 스트레스로 고통받지도 않을 것이고 주위 사람들과의 관계도 좋고 스스로에게도 여유롭고 만족스러워야 한다. 어떤가? 당신은 정말 괜찮은가?

나는 정말
괜찮을까?

나의 피로와 스트레스는 어느 정도일까?

지금부터 나는 잘 자고 있는지, 나의 몸과 마음은 괜찮은지 확인해
보자

나의 수면 컨디션

☐ 평균적으로 최소 7시간의 수면을 취하고, 수면 문제가 거의 없다고
  느낀다

☐ 최근 수면 시간이 6시간 미만이다

☐ 오전에는 집중하기 어렵고 머리가 멍하다

☐ 밤에 자려고 누워도 생각과 걱정거리가 많아 잠에 들지 못한다

□ 매일 수면 시간이 일정하지 않다

□ 코골이나 비염 등의 신체적 문제로 잠을 자고 일어나도 항상 피곤

   하다

□ 주말에는 낮 12시까지 늦잠을 잔다

나의 신체 컨디션

□ 머리가 맑고 상쾌하다

□ 아침 식사는 거의 하지 않는다

□ 아침에 커피를 마시지 않고는 도통 잠에서 깰 수가 없다

□ 점심을 먹고 1시 이후에는 항상 졸음과 사투를 벌인다

□ 하루에 커피는 최소 3잔 이상 마신다

□ 담배를 자주 피운다

□ 운동은 거의 안 한다

□ 폭식이나 폭음을 자주 하는 편이다

□ 오후에 빵이나 과자 같은 간식을 자주 먹는다

□ 몸이 자꾸 쳐지고 기운이 없다

나의 심리 컨디션

□ 스트레스는 별로 없는 편이고 스트레스를 받더라도 금세 사라진다

□ 의욕이 없고 만사 귀찮다

□ 특별히 흥미가 생기는 일도, 재밌는 일도 없다

□ 주위 사람과 마찰이 종종 있는 편이다

□ 눈에 거슬리는 행동을 하는 사람이 자주 눈에 띈다

□ 운전 중에 다른 차가 끼어들면 분노를 참기 힘든 편이다

□ 사소한 일에도 짜증이 난다

그럼 이제 어떻게 낮잠을 자야 할까? 지금부터 나를 위한 낮잠 여정을 시작해 보자. 나에게 맞는 낮잠 방법은 마지막까지 이 책과 함께하면서 찾아가자. To be continued…

PART 01

낮잠에 대한 오해와 편견

매년 한국 직장인을 대상으로 한 조사에서 90퍼센트 이상의 직장인이 낮잠의 필요성에 공감한다고 답한다. 그런데 실제로 낮잠을 자는 사람은 찾아보기 어렵다. 다들 똑같이 쉬고 싶은 마음이지만 낮잠이 금기시되어 있다 보니 잘 수가 없는 것이다. 낮잠을 자고 싶지만 자지 못하는 아이러니를 만드는 부정적인 환경과 시선은 왜 생겼을까? 그뿐만 아니라 낮잠에 대해 심각하게 오해하거나 잘못 알고 있는 점들이 너무 많다. 대체 왜 이런 오해들이 생겼을까?

과거에는 동물과 인간 모두 낮잠을 잤다. 수천 년 전부터 낮잠을 자왔고, 기록으로 남겨진 것만 봐도 고대 그리스부터 이미 존재했던 낮잠 문화는 전 세계적으로 광범위하게 행해진 기본적인 활동이었다. 나라마다 조금씩 다른 버전으로 낮잠을 자지 않고 일하는 사람들은 귀신이 잡아간다는 전설이 있을 정도로 낮잠 자는 활동을 중요하게 생각했다. 그런데 산업화 이후 생산성이 중요해지면서 '노동 시간 = 돈'이라는 인식이 생겨나기 시작했다. 낮잠 자는 사람은 도태되고 게으른 사람이라고 교육했던 것이다. 낮잠 욕구는 몸의 피로와 기능 약화를 회복하려고 신체가 보내는 신호이자 건강한 삶을 위한 중요한 활동임에도 자본과 성장, 경쟁 등의 가치에 밀려 등한시되었다. 하지만 이제는 낮잠이라는 활동에 주목해야 한다. 점점 더 경쟁이 치열해지는 사회에서 우리가 더 많은 능력과 시간, 에너지를 가질 수 있는 방법은 낮잠을 자는 것이기 때문이다. 당신은 '낮잠'에 대해 어떻게 생각하고 있는가?

낮잠 자는 사람은 게으르다?

낮잠 자는 사람은 정말 시간 관리를 못하는 게으른 사람일까? 여기서 소개하는 에피소드는 낮잠 카페를 운영하면서 실제로 만났던 직장인 손님들의 이야기이다. 이 에피소드를 통해 낮잠을 대하는 직장인들의 현실을 생생하게 알 수 있다.

에피소드 1

12월의 어느 날, 오후 1시. 정장 입은 직장인 두 사람이 낮잠 카페로 들어온다.

　직장인 남자 A: 2명 자리 있나요?

　나: 네.

직장인 남자 B: 여기 영수증에 상호가 어떻게 찍혀요?

나: 낮잠이요.

직장인 남자 B: (난처해하며)영어로 아니고 한글로요? 아, 그럼 안 되겠네…….

직장인 남자 A: 괜찮지 않을까? 그냥 해.

직장인 남자 B: 그래도…… 어떡하지?

한동안 입구에서 서성이던 두 사람이 속닥속닥 고민을 하다가,

직장인 남자 A: 그럼 그냥 현금으로 하고 쉬다 가자.

나: 법인 카드 때문에 그러시죠? '낮잠'이라는 이름의 레스토랑도 있고 디자인 회사도 있으니까 괜찮으실 거예요.

직장인 남자 B: 아! 그래요?

다시 화색이 돌며 드디어 해먹에 자리를 잡고 눕는다.

직장인이라면 이 에피소드가 무슨 상황인지 바로 알 것이다. 영업 사원으로 추정되는 회사원인데, 외근을 나왔다가 잠시 쉬러 낮잠 카페에 들른 것이다. 법인 카드로 결제하려고 했는데 영수증에 떡하니 '낮잠'이라고 쓰여 있으면 일하러 나가서 낮잠이나 자다 왔냐는 핀잔을 듣거나 말 그대로 상사에게 찍힐 수 있기 때문이다. '카페'는 상관없

는데 '낮잠 카페'라는 이름이 신경 쓰이는 것이다. '낮잠'이라는 이름만으로 이렇게 눈치를 봐야 하는 것이다.

에피소드 2

화요일 아침 9시 10분. 30대 후반으로 추정되는 근처 회사의 직장인 남성이 낮잠 카페 입구에서 조심스레 얼굴만 빼꼼하고 물어본다.

> 회사 직원: 지금…… 이용할 수 있나요?
> 나: 네, 신발 갈아 신으시고 들어오세요.
> 회사 직원: 몇 시에 오픈이에요?
> 나: 9시요.

낮잠 카페가 생겼다는 소문을 듣고 많은 사람이 반가워하며 낮잠을 자러 찾아왔다. 하지만 오픈 초반에는 대부분 자신의 방 침대가 아닌 집 밖에서 잠을 자는 것을 어색하고 민망해했다. 그리고 직장인들은 남자 성비가 월등히 높았음에도 여성보다 훨씬 더 어색해했다. 대부분 용기 내서 찾아오긴 했는데 삐죽대며 어떻게 하면 되는지 눈치를 봤다. 해먹에 눕는 방법을 설명해드린 후, 배를 따뜻하게 할 수 있는 보온 팩을 가져다드리면서 "이거 배 위에 올리고 계세요."라고 말하며 해먹마다 설치된 커튼을 쳤다. 5분 경과…… 이미 기절해 인기척이 없다. 해먹에 누우면 정말 거짓말처럼 누구든지 3~5분 내로 바로 잠에 빠진다. 40분 정도가 지나고 회사에서 전화가 왔다.

　　회사 직원: 네, 책상 위에 올려 놓고 왔어요.

회사에서 손님을 찾는 것 같았다. 잠시 통화를 한 후에 허겁지겁 서둘러 나가는 그를 붙잡고 음료를 쥐어 주었다.

　　회사 직원: 아, 이건⋯⋯.
　　나: 아, 네. 빼드릴게요.

테이크아웃 컵 홀더에 'naZzzam(낮잠)'이라고 로고가 새겨져 있는데, 그거는 빼달라고 하는 거다. 이런 경우가 종종 있었고, 아무 말 않고 받아 들고 가신 분들도 나중에 보면 카페 복도나 창가에 홀더만 버리고 간 경우도 많았다. 그래서 직장인 손님, 특히 근처 회사 직원인 경우 아예 홀더를 끼우지 않고 드렸다. 회사에서 동료가 컵 홀더를 자세히 관찰하지는 않겠지만 그래도 낮잠이라고 적혀 있는 게 여간 신경 쓰이는 일이 아닌 거다.

"잘 쉬셨어요?"라고 물으니 손님은 "네! 정말 좋네요."라고 환하게 미소 지으며 회사로 향했다.

야근이나 회식, 또는 철야한 다음 날은 너무 힘들다. 회사 일이고 뭐고 몸도 처지고 머리도 안 돌아가고⋯⋯ 이럴 땐 단 10분이라도 좋으니 다리 뻗고 드러누워 눈을 붙이고 싶다. 회사 안에서 쉬고 싶어도 쉴 공간도 없을 뿐더러 눈치가 보여 제대로 쉴 수도 없다. 잠깐 짬이 나서 근처에 있는 낮잠 카페라는 곳에 잠을 자러 간다고 해도 괜히 눈치가 보인다. 간혹 손님 중에는 부장님이 보냈다면서, 자기가 전날 철야로 책상에 엎드려 있는 모습을 보고 회사 옆에 낮잠 카페라고 있으니 거기 가서 자고 오라고 알려 주셨다는 분들도 있었다. 하지만 대부분의 경우 점심시간에 점심을 건너뛰고 낮잠 카페에 오더라도 마음이 불편하다. 아는 지인이 근처 회사 과장님이셨는데 낮잠 카페 오픈 소식을 듣고 인사차 방문하셨다. 그분이 하신 말씀이 너무 기억에 남고 안타까웠다. "아마 우리 회사 직원들은 많이 못 올 거예요. 회사 문화가 너무 보수적이라 아무리 피곤하고 전날 회식으로 꽐라가 돼도 차라리 허벅지를 찔러 가며 책상에 앉아 있는 게 낫지, 낮잠 자러 왔다가는 제대로 찍힐 거예요. 회사 밖에서라도 낮잠 잘 수 있단 생각조차 못 할 거예요." 이게 사실 한국 직장인 대부분이 겪는 현실이다.

반면에 거의 매일 낮잠 카페를 방문하는 직장인도 있었다. 간단히 점심을 먹고 오는지, 아니면 회사가 멀어서 낮잠 카페를 찾아오는 시간이 걸려서 그런지 정확하게 알 수는 없지만, 거의 12시 20분쯤 방문했다. 그리고는 해먹에 누워 15~20분 또는 길게는 30분을 자고 일어나서 차 한 잔을 받아 들고 곧바로 회사로 향했다.

해먹에 누우면서 항상 "저 20분 뒤에 깨워 주세요." 혹은 "저 12시

45분에 깨워 주세요."라고 알람 시간도 정확히 알려 주고, "일어날 때 맞춰서 차 준비해 주세요."라고 항상 마시는 캐모마일 차를 미리 요청했다. 그리고는 미동도 없이 바로 잠에 빠져들었다. 겨우 15분에서 길어야 30분의 짧은 시간이었을 뿐인데도 항상 숙면하고 일어난 얼굴이었다. 살짝 어깨를 건드려 깨워 주면 미리 준비해 둔 차를 받아 들고 감사하단 인사를 남기고 바로 회사로 향했다.

이렇게 규칙적으로 점심시간에 낮잠 카페에 들러 짧은 낮잠을 자고 가는 직장인이 많았는데, 처음엔 나도 '겨우 15분에서 20분인데 어떻게 제대로 낮잠을 잘 수 있을까? 너무 짧은 건 아닐까?' 하고 의심했다. 그런데 손님들을 관찰하면서 짧은 시간이라도 숙면을 취하고 휴식하는 데 충분하다는 사실을 알게 되었다. 그리고 그렇게 점심시간을 활용해 짧게나마 낮잠을 자서 자신의 컨디션을 관리하고 있는 것이 참 대단해 보였다. 동료들이랑 카페에 들러 커피와 달콤한 디저트를 먹으면서 수다도 떨고 싶을 텐데, 그 모든 유혹을 뿌리치고 자신의 피로 회복을 위해 단 15분이라도 낮잠을 자면서 제대로 된 휴식을 취하고 가는 것이니까.

회사 입장에서 보면 이만큼 똑똑하고 현명한 직원은 찾기 힘들 텐데 말이다. 피곤함과 스트레스로 일에 집중하지 못하고 업무 성과를 떨어트리고 멍하게 있는 것보다는 1시간 동안, 아니 단 20분이라도 낮잠을 자고 피로를 완전히 회복한 후에 업무를 보는 것이 회사에도 훨씬 이득일 텐데 말이다.

사실 낮잠을 자는 사람은 게으른 사람이 아니라 누구보다도 자기 관리가 철저한 사람이다. 자신의 피로와 에너지 회복을 위해 적극적으로 행동하고 자신의 컨디션과 능력을 최대로 유지하는 사람이기 때문이다. 해야 할 일이 많고 바쁜 사람일수록 쉬어 간다. 그래야 더 잘, 더 많이 일할 수 있기 때문이다.

낮잠 자는 사람은
시간 관리를 못한다?

여전히 낮잠 자는 건 눈치가 보인다. 회사 내 동료와 상사뿐 아니라 대외적인 시선도 굉장히 신경 쓰인다. 나는 시간 관리, 능력 관리, 피로 관리 차원에서 낮잠을 자는 것뿐인데 남들이 나를 한심한 사람으로 평가할까 봐 아무리 피곤해도 잘 수 없다. 혹시라도 능력 없는 사람으로 여기지 않을까, 벌건 대낮에 낮잠이나 자면서 시간을 허비하는 사람으로 보지 않을까 눈치를 본다.

언젠가부터 워커홀릭이 성공하는 직장인의 상징이 되어 버렸고, 잠을 줄여 가면서 쉬지 않고 밤낮없이 일하는 것이 모범적인 직업윤리가 되었다. 항상 시간에 쫓기며 바쁘게 살고 있기 때문에 단 30분의 낮잠 잘 시간도 아깝다고 생각했다. 하지만 이제는 잠잘 시간도 줄여가며 하루 종일 일에 매달리는 사람을 바라보는 시선이 달라졌다. 현대사회에서는 효율성이 시간 관리 능력을 결정짓는 척도가 되었다. 분초를 쪼개 쓰며 시간 관리를 하기보다 높은 효율성을 통해 자신이 가장 집중적으로 일할 수 있고, 자신의 자원을 최대한 활용할 수 있는 여건을 만드는 능력이 중요해졌다. 세계적으로 성공한 사람들은 자신이 언제 가장 효율적일 수 있는지 늘 주의를 기울인다. 일하는 시간이 중요한 것이 아니라 얼마나 집중적이고 생산적일 수 있느냐의 문제이고, 자신의 능력을 얼마나 최대한으로 끌어올려 활용하느냐가 핵심이다.

효율성을 높일 수 있는 가장 좋은 시간 관리 방법은 일상생활 중에 적절한 휴식을 취하는 것이다. 다시 말해 시간 관리를 잘 한다는 것은 휴식과 일을 정확하게 나눠, 쉴 땐 잘 쉬어 주고 일할 땐 집중적으로 일할 수 있는 능력이다. 매시간 정신없이 바쁘고 시간에 쫓기는 모습은 오히려 무능함의 상징일 뿐이다. '잠 잘 시간이 없을 만큼 바쁘다'고 하는 사람은 자신이 시간에 무작정 끌려 다니고 있는 건 아닌지 다시 생각해 봐야 한다. 물론 현대인들은 너무나 바쁘다. 업무뿐만 아니라 해야 할 것들, 하고 싶은 것들도 많아 항상 바쁘다. 하지만 효율성 관리에 탁월한 사람들, 즉 시간 관리 능력이 뛰어난 사람들은 시간을 주도적으로 쓴다.

낮잠은 신체와 정신의 피로를 가장 직접적이고 효과적으로 해소시켜 주는 휴식법이다. 낮잠을 자면 뇌의 파워를 최대한 활용할 수 있고, 하루 중 떨어지는 에너지와 신체 기능을 다시 높여 일의 성과가 좋아진다. 그뿐만 아니라 높아진 집중력으로 일 처리 시간이 단축되어 오히려 시간이 더 많이 생긴다. 낮잠을 자는 사람을 남들 일하는 시간에 자느라 시간을 낭비하는 사람이라고 생각하기 쉽지만, 사실 그들은 낮잠을 통해 몸의 컨디션을 최상으로 만들고 집중력을 높여 시간을 효율적으로 사용하는, 누구보다 시간 관리 개념이 철저한 사람들이다. '낮잠러'들은 20분에서 1시간의 낮잠으로 더 많은 일을 할 수 있는 시간과 능력을 벌어들이고, 누구보다 하루의 시간을 주도적으로 관리하는, 뛰어난 능력을 갖춘 사람인 것이다.

낮잠을 자고 나면
더 피곤하다?

낮잠 후 피로함은 실제로 낮잠을 자본 사람들이 많이 호소하는 증상이기도 하다. '피로를 풀려고 낮잠을 잤는데 자고 일어나니 더 피곤하고, 오후 내내 멍하고 머리가 더 아픈 것 같다', '오히려 일에 집중도 안되고 어영부영 시간만 흘려보내고 말았다' 등 낮잠을 자고 나서 오히려 피곤하고 불편한 상태를 경험하는 사람이 의외로 많다. 하지만 이런 상황이 발생하는 이유는 안타깝게도 많은 사람이 낮잠을 제대로 된 방법으로 자지 않았기 때문이다.

낮잠을 잘 자는 방법은 생각보다 까다롭다. 낮잠은 인간에게 아주 중요한 활동 중의 하나이고 자연스러운 생체 반응이지만 단순히 졸린다고 마음대로 자선 안 된다. 식사도 아무 때나 아무 음식이나 먹으면 건강을 해칠 수 있듯이 낮잠도 잘못 자면 생활 리듬이 망가진다. 규칙적으로, 골고루 영양소를 섭취해야 건강해지는 것처럼, 올바른 방법으로 낮잠을 자면 절대로 낮잠 후에 더 피곤하거나 나른해지지 않는다. 일어나야 할 시간에 맞춰 재깍 잠에서 깨고, 바로 다시 일상생활을 시작할 수 있다. 전과 비교할 수 없을 만큼 개운하고 상쾌한 정신과 회복된 에너지를 느끼게 될 것이다. 낮잠 후에 일어나는 게 너무 힘들거나 더 피곤하다는 건, 낮잠을 잘못 잤기 때문에 일어난 일이다.

낮잠을 자는 것은 시간 낭비다?

한 사람이 낮잠으로 20분의 시간을 보냈다고 치자. 그리고 다른 사람은 동료들과 수다를 떨면서 혹은 담배를 피우면서 20분을 보냈다고 하자. 이렇게 다르게 보낸 휴식 시간이 두 사람에게 어떤 영향을 끼치게 될까?

누가 봐도 담배를 피우는 것이 더 시간낭비 같아 보이는데도 왜 사람들은 특히 낮잠 자는 시간을 아깝다고 생각할까? 대부분의 사람은 낮잠이 휴식이라기보다 잠이라고 생각하기 때문에 굳이 낮에 시간을 내면서까지 잠을 잘 필요는 없다고 생각한다. 그리고 낮잠으로 하루가 어떻게 바뀌는지 실제로 경험해 보지 못했기 때문에 낮잠 시간이 아깝다고 생각하는 것이다. 일단, '낮잠'에 대한 개념을 바로잡아야 한다. 담배를 피우거나 카페에서 커피를 마시는 것은 휴식이고, 낮잠을 자는 것은 그저 시간 낭비라는 생각에서 벗어나야 한다.

사실 몸이 가장 필요로 하는 적절한 휴식은 바로 낮잠이다. 낮잠은 전날 부족한 잠을 보충하고, 일상생활 중 계속해서 쌓이는 긴장과 피로, 스트레스를 완화해 몸의 상태를 회복한다. 스트레스로 오전 내내 머리가 아픈 것도, 상사 때문에 화가 났던 일도, 낮잠을 자고 나면 저절로 잊게 된다. 아무리 담배를 뻑뻑 피워 봐야 내 폐만 망가질 뿐이지 복잡한 마음이 없어지지도 않을 뿐더러 풀리지 않는 문제가 해결되지도 않는다.

물론 낮잠도 수면 활동이다. 하지만 밤잠과는 다른 역할과 기능을 한다. 낮잠을 자는 것은 단순히 낮에 쏟아지는 졸음을 해결하기 위해 잠깐 조는 것이 아닌, 그 이상의 활동이다. 사람은 누구나 오후가 되면서 에너지와 몸의 기능이 떨어진다. 아무리 정신력으로 버틴다고 해도 결국 한계에 다다를 수밖에 없다. 해야 할 일과 하고 싶은 일도 많다면 그것들을 할 수 있도록 내 몸의 능력을 높여야 한다. 그리고 그걸 가능하게 하는 가장 좋은 방법은 잠깐이라도 잠을 자는 것이다.

피로를 풀어 주는 데는 잠이 가장 효과적일 뿐만 아니라 낮잠은 뇌의 감정 처리 능력을 높여, 실제로 마음을 차분하게 하고 쓸데없는 생각을 없애기 때문에 스트레스를 줄이는 데 직접적인 도움을 준다. 단 10분에서 30분의 낮잠으로도 그 효과를 누릴 수 있다고 하니, 낮잠만큼 시간 투자 대비 엄청난 효과를 주는 피로회복제도 없을 것이다. 낮잠을 자는 것은 시간 낭비가 아니라 우리 몸의 컨디션을 회복해 주고 하루 중에 쌓이는 스트레스를 없애 주는 중요한 활동인 것이다. 심지어 낮잠은 돈도 들이지 않고 즐길 수 있는 활동이다.

낮잠으로 보내는 겨우 20분에서 1시간이 아깝다고? 제대로 쉬지 않아서 에너지를 바닥내고, 지지부진하게 시간만 끌면서 제대로 자신의 능력을 활용하지 못하는 게 더 시간을 낭비하는 것 아닐까?

낮잠을 자면
밤에 잠을 못 잔다?

낮잠에 대해 가지고 있는 가장 큰 오해가 바로 이것일 것이다. 낮잠을 자면 밤에 잠을 못 잘까 봐 걱정돼 오후에 아무리 졸음이 몰려와도 일부러 낮잠을 자지 않는다. 낮에 이미 잠깐 잤기 때문에 밤에 충분히 졸리지 않을 것이라고 생각하기 때문이다. 하지만 낮잠은 밤잠의 연장선이 아니다. 낮잠은 숙면을 해치지 않을 뿐더러 오히려 낮잠을 자면 밤에 잠이 더 잘 온다. 쉽게 얘기하면, 일상생활 중에 휴식을 취해 주어야 신경이 안정돼서 잠이 더 잘 오는 것이다. 계속해서 깨어 있고 종일 휴식 없이 활동하면 뇌와 신경의 긴장이 과도하게 높아져 밤에도 쉽게 진정이 되지 않아 숙면을 취할 수 없는 상태가 된다.

낮잠의 가장 큰 기능 중 하나는 부교감신경을 활성화해서 교감신경과의 균형을 유지하게 한다는 것이다. 우리 몸을 관할하는 중요한 요소이자 밤에 숙면을 도와주는 것이 바로 자율 신경계인데, 이 자율 신경의 안정은 교감신경과 부교감신경의 주기적인 반복을 통해 이뤄진다. 아침에 일어나서 하루 종일 깨어 있는 동안 교감신경은 계속 활성화되어 있다. 이로 인해 긴장이 높아지고 정신적인 피로와 스트레스도 함께 높아지게 되는데 낮잠을 자면 부교감신경이 활성화되어 정서적 긴장이 완화되고 근육의 피로도 회복된다. 이렇게 낮잠은 밤에 잠을 잘 수 있게 해주는 자율 신경계를 안정화하는 데 가장 효과적인 휴식인 셈이다. 그리고 낮잠은 분노 등의 부정적인 감정을 없애는 데도 도움을 주기 때문에 밤에 자기 전에 화를 가져가지 않도록 해주는 역할도 한다.

간혹 "그래도 나는 낮잠을 자면 밤에 잠이 안 오던데……"라고 하는 사람은, 낮잠 자는 방법과 시간을 제대로 지키지 못했거나 다른 원인으로 밤에 잠이 안 오는 것을 낮잠 탓으로 돌리는 경우다. 물론 낮잠을 잘못 자면 밤잠을 방해하고 수면 장애를 가져올 수 있다. 하지만 '계획적으로 잘 잔 낮잠'은 밤에 잠을 더 잘 오게 하는 보약이다. 낮잠으로 밤잠을 해치지 않으면서 밤에 숙면할 수 있는 올바른 낮잠 방법은 뒤에서 자세히 설명하고 있다.

나는 전날 잠을 못 자 피곤하면 다음 날 밤에 평소보다 더 일찍 잠이 쏟아지고 금방 잠에 빠져들 수 있을 것 같지만, 오히려 더 잠이 오지 않는 경험을 하곤 했다. 겪어본 사람은 알겠지만 이렇게 되면 미치도록 피곤하고 졸려도 며칠 동안 연속해서 밤에 잠을 못 자는 수면장애로 고통을 받게 되기도 한다. 잠이 부족해서 피곤하면 더 쉽게 잠을 잘 수 있어야 하는데, 왜 그런지 이유도 알 수 없다. 그런데 이럴 때 잠깐이라도 낮잠을 자면 밤에 훨씬 더 쉽게 잠들 수 있고 숙면을 취할 가능성도 높아진다. 낮잠을 잠으로써 전날 부족한 수면을 충당해 주어 피로를 해소해 밤에 덜 피곤하게 만들고 수면 리듬을 정상으로 돌이켜 평소처럼 잠을 잘 자게 도와주기 때문이다. 그래서 나는 잠이 부족할 때, 더 일찍 자려는 노력을 하는 대신 꼭 오후에 1시간에서 1시간 30분의 긴 낮잠을 잔다. 그러면 수면 부족을 해소해, 하루를 활기차게 보낼 수 있을 뿐 아니라 밤에도 잠이 훨씬 잘 온다.

혹시라도 오후 리듬이 깨질까 봐, 혹은 밤에 잠을 못 잘까 봐 걱정하며 낮잠 자는 걸 꺼리는 사람은 당장 오늘부터라도 한번 제대로 된 낮잠을 자보자. 처음엔 부담 없이 10~20분 정도의 짧은 낮잠으로 시작하는 것도 좋다. 그러다 낮잠 자는 것이 익숙해지면 길게는 1시간에서 1시간 30분의 긴 낮잠도 밤잠에 영향을 주지 않고 오히려 낮잠 습관 덕분에 잠을 더 잘 자는 경험을 하게 될 것이다.

낮잠은 식곤증으로 생기는
현상일 뿐이다?

대부분의 사람은 으레 점심식사 후에 잠이 오는 현상을 낮잠이라고 생각한다. 또한 낮잠이 쏟아지는 이유가 춘곤증 때문이라고 생각한다. 하지만 정말 그럴까? 낮잠을 자는 행위가 인간의 DNA에 새겨져 있다는 사실을 알면 깜짝 놀랄 것이다. 식사를 하고 안 하고를 떠나서 오후 12~4시 사이에 인간은 낮잠을 자도록 생체적으로 설계되었다고 한다.

인간에게는 'Circadian rhythm 24시간 주기 리듬'이라는 생체 시계가 존재한다. 이것은 우리가 시계가 없이도 하루 시간을 알 수 있게 하는 장치로 지구 자전주기인 하루 24시간에 맞춰 신체 활동을 조절하는 역할을 한다. 그리고 하루 12시간을 주기로 몸의 활동을 조절하는 'Circasemedian rhythm 12시간 주기 리듬'이라는 체내 시계도 탑재되어 있다. 이 리듬에 따르면 인간은 밤에는 7~8시간의 긴 수면을 취하게 되어 있고, 아침에 일어나서 6시간 후 한낮에 다시 한번 짧은 잠을 자도록 설계되었다. 예를 들어 아침 6시에 일어난 사람은 대략 오후 12시가 되면 자연적으로 몸이 낮잠을 잘 준비를 하고, 아침 8시에 일어난 사람은 6시간 이후인 오후 2시쯤에 낮잠이 몰려오는 것이다. 연구 결과에 따르면 이 현상은 점심을 먹지 않아도 똑같이 나타난다고 한다. 식사 여부, 계절 변화와 상관없이 낮잠은 생체적으로 인간에게 반드시 필요한 활동인 것이다. 낮잠은 우리 몸이 제대로 기능하기 위해서 밤의 숙면만큼 필요로 하는 하루 중 가장 중요한 휴식이다.

낮잠은 아무 때나
자면 된다?

어떻게 낮잠을 자야 하는지 모르는 사람들이 생각보다 많다. "그냥 졸릴 때 자면 되는 거 아니야?"라고 하겠지만, 낮잠을 잘 자려면 최적의 낮잠 시간을 알아야 하고, 낮잠 훈련을 통해 낮잠 습관을 들여야 한다. 그렇지 않으면 낮잠으로 효과를 얻기도 힘들뿐더러 오히려 잘못된 낮잠으로 오후를 망치게 될 수도 있다. 또한, 잘못된 낮잠 방법은 밤잠을 방해하는 원인이 되기도 한다.

이 책에서 강조하는 '낮잠으로 행복하고 성공하는 삶'을 얻기 위해서는 단순히 아무 때나 졸리면 자고 아니면 말고가 아니라 올바른 낮잠 시간과 방법을 통해 낮잠 자는 훈련을 해야 한다. 무엇보다도 매일 규칙적으로 일정 시간 낮잠을 자는 낮잠 습관을 들여야 한다. 솔직히 낮잠 습관을 들이기는 생각보다 쉽지 않다. 사람에 따라 쉽게 잠이 오는 사람도 있고, 아무리 노력해도 정신이 말똥말똥하거나 잠들기까지 시간이 오래 걸리는 사람도 있다. 무엇보다 낮잠 자는 습관이 없다 보니 낮잠 자는 게 쉽지 않다. 더 중요한 사실은 개인마다 필요한 낮잠 시간과 적합한 낮잠 시간대와 방법이 모두 다 다르다는 것이다. 이걸 알아가는 것도 시간이 필요하고, 반복적인 낮잠 훈련을 통해 자신을 관찰해 가면서 알아내야 한다. 이 책에서 소개하는 낮잠 훈련 방법을 시도하면 자신에게 적합한 낮잠 환경과 낮잠법을 찾을 수 있다. 대략 일주일이면 충분히 가능하다. 일주일 동안 낮잠 자는 연습을 하면 낮잠에 쉽게 빠질 수 있을 뿐 아니라 노력하지 않아도 매일 낮잠을 잘 수 있는 낮잠 습관을 가지게 된다. 그리고 낮잠 습관을 통해 낮잠으로 얻을 수 있는 최고의 혜택을 누릴 수 있게 된다.

낮잠
Q&A

Q: 낮잠의 부정적인 영향은 없을까?

A: 나쁜 낮잠은 없다고 한다. 짧게든 길게든 낮잠을 잤다면 부족한 수면과 쌓인 피로가 해소되었기 때문에 결과적으로 도움이 된다. 하지만 계획적이지 않은 낮잠은 하루의 흐름을 방해할 수 있고, 임의적으로 낮잠 시간을 조정해서 일어날 경우 일어난 후 나른함과 피곤함이 지속될 수 있으므로 주의해야 한다. 즉, '낮잠으로 건강하고 행복해지기' 위해서는 올바른 방법으로 규칙적으로 낮잠을 자는 습관을 갖는 것이 중요하다.

Q: 잠이 안 오는데, 잠을 안자고 눈만 감고 있었어도 효과가 있을까?

A: 굳이 잠을 자지 않더라도 눈을 감고 조용히 휴식을 취하는 것만으

로도 피로 회복에 효과적이다. 그리고 단 5분 동안 짧게 자는 쪽잠도 낮잠의 효과를 누릴 수 있다고 하니, 낮잠을 잘 때 반드시 숙면해야 한다는 부담을 버리고 가볍게 눈을 감고 의자에 기대는 것으로 시작해 보자. 그리고 매일 낮잠 자는 습관을 갖다 보면 나중에는 자연스럽게 잠에 빠져들 수 있다.

PART 02

성공한 사람들은 낮잠을 잔다

과거부터 현재까지, 저명한 대통령, 철학자와 과학자, 예술가 등 다양한 분야에 걸쳐 성공한 사람은 낮잠을 잤다. 더 놀라운 사실은 분초를 다투며 엄청난 업무량과 스케줄을 소화해야만 하는 세계적인 기업 경영자들도 낮잠을 잔다는 것이다. 이렇게 하루 24시간이 부족한 사람들도 낮잠 자는 시간을 아까워하지 않고 낮잠에 시간을 투자하는 데에는 분명히 이유가 있을 것이다. 누구보다 바쁘고 시간이 부족한 사람들일 텐데 왜 낮잠 시간을 따로 갖는 것일까?

성공한 사람들은 어떻게 하면 한정된 시간과 자원 안에서 자신의 능력을 최대한 발휘할 수 있는지 고민한다. 그래서 그들은 낮잠을 선택한 것이다. 어떤 이는 영감과 창의성을 위해서 낮잠을 자고, 어떤 사람은 집중력을 높여 일을 가장 효율적으로 하기 위해서 낮잠을 자고, 누군가는 올바른 판단과 최고의 결정을 내리기 위해 낮잠을 잔다. 이렇게 낮잠을 자는 이유는 다양하지만 결국 자신이 하는 일을 '잘'하기 위함이다. 하루 한 번의 낮잠만으로 오후의 생산성을 극대화할 수 있는데, 어찌 보면 이만큼 매력적인 휴식법도 찾기 어려울 것이다. 성공한 사람들은 낮잠의 효과를 경험해 봤기 때문에 낮잠 습관을 가지고 있는 게 아닐까?

세계 최고 인재들의
낮잠 습관

역사적 인물들의 낮잠

역사적으로 위대한 철학자, 과학자, 예술가들도 낮잠을 즐겼다. 그뿐만 아니라 나폴레옹, 아리스토텔레스 등 철학, 과학, 정치, 경영 등 다양한 분야에서 수많은 소위 '천재'라고 불리는 사람은 모두 낮잠을 잤다.

낮잠을 사랑하고 생활화한 유명인 중에서 가장 대표적인 인물이 바로 윈스턴 처칠이다. '인간은 아침 8시부터 밤늦게까지 휴식 없이 일하라고 만들어지지 않았다. 단 20분의 낮잠이라도 다시 활력을 얻게 하는 데 충분하다'는 말을 남겼다. 그에게 낮잠은 절대 타협할 수 없는 활동으로, 매일 같은 시간에 옷을 갈아입고 침대에 올라가 2시간의 긴 낮잠을 잤다. 자신의 나라가 전쟁을 하는 급박한 상황 속에서도 반드시 낮잠 시간을 고수했다. 그의 유별난 낮잠 사랑 덕분에 그의 넘치는 에너지와 탁월한 능력의 비법을 낮잠으로 보는 견해가 많다.

미국 전 대통령 존 F. 케네디도 보통 1~2시간의 낮잠을 즐겼는데 이 시간에는 전화도, 서류도, 어떠한 방해도 받지 않고 이 낮잠 시간을 지켰다고 한다. 그래서 이 시간에는 누구도 그의 사무실이 있는 2층에는 올라가지 않았다고 한다.

미국의 '석유 왕'이었던 록펠러의 설립자이자 최고 경영자인 존 데이비슨 록펠러는 자신의 사무실에 낮잠용 소파를 갖춰 놓았다고 한다. 바쁜 업무 중에서도 자신의 사무실에서 낮잠을 언제고 즐겼던 것이, 어쩌면 그가 미국의 가장 거대한 회사를 운영할 수 있는 비법이지 않았을까?

에디슨도 유명한 낮잠인이었다. 예전에 한 침대 광고에서 에디슨이 "하루 4시간만 자도 충분하다."라고 했던 것처럼 실제로 에디슨은 하루 대부분의 시간이 연구에 쏟으면서 잠은 거의 자지 않았다고 한다. 잠자는 시간을 아까워서 잠을 자지 않는 사람으로 유명했는데 사실 그가 적은 수면을 취하면서도 그렇게 연구에 매진할 수 있었던 이유는 다름 아닌 낮잠에 있었다. 매일같이 낮잠을 잤는데 그 시간이 무려 3시간 정도였다고 한다. 하루는 그의 친구인 헨리 포드가 에디슨의 연구실을 찾았는데 조수가 에디슨이 지금 자고 있다며 들어가지 못하게 막았다. 그가 "아니, 에디슨은 잠을 거의 안 자지 않나?"라고 하자, "잠은 거의 안 자요. 단지 낮잠을 엄청 많이 잘 뿐이죠."라고 대답했다고 한다.

철의 여인, 마가렛 대처도 하루에 4시간밖에 자지 않은 걸로 유명했는데, 대신 그녀는 하루에 1시간의 낮잠을 반드시 스케줄에 포함했다고 한다. 그녀가 2시 30분에서 3시 30분 사이에 낮잠을 잘 때는 아무도 방해하지 못하게 하고 휴식을 취했다.

아인슈타인은 낮잠뿐 아니라 하루에 11시간 정도의 수면 시간을 고수한 대표적인 잠꾸러기다. "10시간 미만의 잠을 자면 생각을 똑바로 할 수가 없다."라고 말했을 정도로 하루의 대부분을 잠을 자면서 보냈는데, 그 대신 나머지 활동 시간에 엄청난 집중력으로 에너지를 쏟아낼 수 있었을 것이다.

찰스 다윈은 반드시 오후 3~4시까지, 1시간의 낮잠을 잤다. 일하는 시간뿐 아니라 산책 시간도 아침, 점심, 저녁으로 나눠서 지키고, 차 마시는 시간까지 정해 뒀을 정도로 하루를 계획적이고 규칙적으로 보냈는데, 낮잠 시간도 반드시 고수하고 지켰다.

발자크는 대표적인 새벽형 인간으로 저녁 6시에 자서 새벽 1시에 일어났는데, 일어나자마자 글쓰기를 시작해서 새벽부터 오전 8시까지 장장 7시간을 집중한 후에는 바로 낮잠을 잤다. 아침 8시부터 1시간 30분의 낮잠을 자고 일어난 후, 다시 6~7시간에 달하는 폭풍 글쓰기 활동을 소화했다.

레오나르도 다 빈치는 하루에 여러 번에 걸쳐 짧은 낮잠을 잤다고 한다(4시간마다 20분씩 낮잠을 잤다). 그는 낮잠으로 얻은 영감과 창의력을 통해 그렇게 수많은 업적을 남겼는지도 모른다.

세계적 기업 CEO의 낮잠

허핑턴 포스트Huffington Post의 CEO인 아리아나 허핑턴Arianna Huffington은 대표적인 낮잠러이다. 그녀는 수면 부족과 피로 누적으로 쓰러져서 생명이 위험했던 경험이 있기 때문에 수면과 낮잠의 필요성에 대해 항상 강조한다. 자신과 회사 직원이 낮잠을 통해 수면 부족을 해소하고 업무 능력을 향상하도록 하기 위해 회사 안에 낮잠을 잘 수 있는 공간을 갖춰 놓는 등 적극적으로 낮잠을 장려하고 있다. 그녀는 더 많은 기업이 회사 내에 낮잠방을 설치해야 한다며, 향후 2년 안에 기업의 낮잠방은 회의실만큼 일반화될 것이라고 주장한다.

아마존Amazon CEO인 제프 베조스Jeffrey Preston Bezos도 충분한 수면과 잦은 휴식이 성공을 위해 반드시 필요한 활동이라고 믿으며, 자신도 하루 8시간의 수면 시간을 지킨다. 또한, 하루 일과 중에 틈틈이 눈을 감고 쉬면서 자신이 충분한 휴식을 취하고 있는지를 점검한다고 한다.

캐나다의 대표적인 마케팅 소프트웨어 회사인 허브스팟HubSpot의 CEO, 브라이언 할리간Brian Halligan은 자신을 '엄청난 낮잠꾼huge nap guy'이라고 소개할 만큼 낮잠을 사랑하고 즐기는 경영자이다. 그가 낮잠에 매료된 이유는 낮잠을 통해 창의적인 아이디어를 얻기 때문이다. 《뉴욕 타임스》와의 인터뷰에서 자신이 한 달에 한두 번 정도 엄청난 아이디어가 떠오를 때가 있는데, 그때가 낮잠에 빠지기 직전이나 직후라고 한다. 자신도 낮잠의 효과를 경험하고 있기 때문에 다른 직원들도 자신처럼 낮잠을 통해서 창의적인 아이디어를 떠올릴 수 있기를 바라며 회사에 낮잠방을 구비해 놓고 낮잠을 장려하고 있다.

예술가의 낮잠

예술가들은 창의성과 영감을 위해서 낮잠을 자기도 하지만, 동시에 자신이 가진 역량을 최대로 발휘하기 위해서 낮잠을 생활화한다. 살바도르 달리는 낮잠으로 영감을 얻었던 대표적인 프로 낮잠러이다. 그는 특이하게 무거운 쇠로 만든 키를 들고 낮잠을 잤는데, 깊은 잠에 빠질 때 자연스럽게 힘이 빠져 손에 쥐고 있던 키를 놓치게 되면서 키가 떨어지는 소리를 듣고 잠에서 깼다. 그가 이런 낮잠 방법을 택한 이유도 그때가 가장 창의적인 영감과 통찰력이 솟아나는 순간이라고 믿었기 때문이었다. 아직 잠에서 깨어나지 않은 몽롱한 상태, 무의식에 놓여 있는 그 상태에서 자유로운 사고가 가능해지는 것이다. 그는 자신이 위대한 미술가가 될 수 있었던 중요한 요인을 낮잠이라고 말하기도 했다.

노벨 문학상은 물론, 수많은 상을 수상한 20세기 독일 최고의 사상가이자 작가인 토마스 만도 낮잠을 즐겼다. 오후 4시부터 5시까지 1시간의 낮잠을 잤는데, 성공한 사람이 대부분 그러하듯, 그 역시 일하는 중간에 산책 등으로 휴식을 취해 주었지만, 낮잠은 그에게 탁월한 통찰력을 갖게 해준 중요한 역할을 했다.

톨스토이 역시 하루 활동 중에 2시간의 낮잠을 즐겼다. 그는 인생을 행복하게 살기 위한 자신만의 '17가지 삶의 규칙(17 Rule of Life)'을 만들어 지켰다고 한다. 이 규율은 식습관뿐 아니라 행동거지와 삶의 태도, 그리고 약자들에 대한 배려까지 아우르는 인생의 미덕을 담고 있다. 첫 번째가 '아침 5시에 일어나기' 그리고 '늦어도 10시 전에 잠자기'에 해당되는 밤잠에 관한 내용이고, 그다음 규율이 바로 '하루 중 2시간의 낮잠을 허락하기'이다. 인간과 삶에 대한 뛰어난 통찰력으로 모범적인 인생을 살았던 톨스토이 역시 낮잠을 잤다는 사실은, 낮잠이 인간이 추구해야 할 중요한 가치라는 점을 시사한다.

창의적인 아이디어나 영감을 필요로 하는 예술가는 물론 수많은 연주가도 낮잠을 통해 자신의 최고의 기량을 뽐낸다. 사라 장Sarah Chang, 우리나라에서는 '장영주'라고 알려진 세계적인 바이올리니스트도 공연 전 긴장을 늦추고 최고의 연주를 하는 비법으로 낮잠을 꼽는다. 전세계를 돌아다니며 엄청난 스케줄의 공연 일정을 소화해야 하는 그녀는, 공연 전 최고의 컨디션을 유지하기 위해서 낮잠을 잔다고 한다.

또한 세계적인 피아니스트인 앤 마리 맥더못Anne-Marie McDermott은 피아노 신동으로 불리며 10살부터 바쁜 공연 스케줄을 이어 왔다. 각종 연주회로 일정이 바빠지면서 그녀가 선택한 방법은 바로 낮잠이었다. 그때부터 낮잠은 그녀의 연주 연습에 가장 중요한 루틴이 되었다. "나는 낮잠을 일종의 종교로 생각한다."라고 말할 만큼, 낮잠은 그녀가 최상의 컨디션으로 최고의 연주를 할 수 있게 해주는 도구이다. 그녀의 하루 일과를 자세히 들여다보면, 아침 9시에 일어나 10시부터 1시까지 이어지는 연습을 끝낸다. 그 후에 터키치즈 샌드위치를 점심으로 먹고(이 또한 낮잠 자기에 좋은 음식들로 구성된 메뉴이다) 1시간의 낮잠을 잔다. 특히 부담감이 높은 공연이나 독주회처럼 전체 공연을 혼자 이끌어야 할 경우 1시간 30분에서 2시간의 좀 더 긴 시간의 낮잠을 자고, 공연 2시간 전에 일어나 샤워를 하고 본격적인 공연 준비를 한다. 그녀는 낮잠을 자고 난 후에, 한 번도 무력감 같은 감정을 느껴본 적 없다고 한다. 그리고 공연이 없는 날도 이 루틴을 지키지만, 바쁜 스케줄로 긴 낮잠을 자지 못하는 경우에는 10분간 눈을 감고 있으면서 휴식을 취한다고 한다.

수많은 나라를 여행하며 연주해야 하는 최고의 연주가들에게 낮잠은 시차로 유발되는 수면 문제를 해결하고, 집중력을 높일 뿐 아니라 긴장을 낮추는 중요한 활동이다. 그리고 무엇보다 낮잠은 연주력에 긍정적인 영향을 끼친다. 낮잠의 기능 중 하나가 바로 운동 기술 향상이기 때문에, 특히 악기 연주가들에게 낮잠은 연주 스킬을 높이는 데 실질적인 도움을 준다. 또한 낮잠이 감성을 담당하는 부분을 자극해서 연주를 더욱 풍성하게 해주는 것도 큰 장점으로 작용한다. 실제로 연주가들 사이에서도 낮잠은 흔한 습관인데, 어느 오케스트라에서는 연주가들이 공연 전에 다 같이 낮잠을 잔다고 한다. 한 연구에 따르면 세계 정상급 연주자들은 낮잠 습관을 가지고 있으며, 일반인에 비해 30분 이상 수면 시간이 길다고 한다.

운동선수의 낮잠

최정상 운동선수도 신체와 정신의 컨디션을 위해 수면과 휴식을 음식만큼 철저하게 관리한다. 강도 높은 신체 운동으로 쌓인 근육의 피로를 회복하고 강인한 정신력을 기르는 데 충분한 휴식과 수면이 얼마나 중요한지 알기 때문이다. 많은 연구들에서도 낮잠이 선수들의 경기 실적을 높이는 데 큰 도움을 준다는 것이 밝혀졌다. 스탠포드 대학의 수면 장애 클리닉 센터 수면전문가, 체리 마Cheri Mah의 연구에 따르면 운동선수들에게 충분한 수면은 운동선수에게 전반적으로 이점을 주지만, 특히 낮잠이 경기 성적을 향상하는 데 큰 도움을 준다고 한다. 경기를 치르기 위해 세계적인 운동선수들이 여러 나라를 다니며 겪는 시차, 수면 등 여러 문제가 짧은 낮잠으로도 회복될 수 있다는 것이다. 연구 결과, 30분의 낮잠을 잔 선수가 20미터 단거리 달리기에서 더 좋은 기록을 냈고, 이러한 현상은 운동 종목과 상관없이 모든 선수에게 똑같이 나타난다고 한다.

레알 마드리드 훈련장은 오후 1시가 되면 휘슬 소리도, 선수들의 뛰는 소리도, 어떤 소음도 들리지 않고 마치 유령 마을 같은 정적만이 흐른다. 약 2시간 동안 선수와 스텝 모두 낮잠을 즐기기 때문이다. 레알 마드리드의 훈련장에는 선수와 스텝의 낮잠용 침실이 81개나 있는데, 이 방에는 최고 품질의 매트리스를 갖춰 두고 최적의 수면 환경을 위해 온도와 공기의 상태까지 관리하는 시스템이 있다고 한다. 이들에게 낮잠은 억대 연봉 선수들의 자산을 지키고 경쟁력을 더욱 높이는 훈련법이다.

세계적인 단거리 달리기 선수인 우사인 볼트는 자신의 수면 습관을 분석하기 위해 첨단 과학기술을 활용한다. 밤에는 8~10시간 정도의 수면을 취하고, 낮잠 자는 시간을 훈련의 일부로 포함한다. 그에게 낮잠은 단순한 휴식이 아니라 자신의 역량을 끌어올리는 중요한 훈련인 것이다.

NBA 농구 선수 케빈 듀란트도 자신의 실력을 한 단계 높이는 비밀이 충분한 휴식이라는 사실을 알고 있다. 한 인터뷰에서 그는 "농구선수는 기술 능력 좋아야 할 뿐만 아니라 자신의 몸을 관리할 줄도 알아야 한다. 운동선수들이 활용할 수 있는 몸 관리법은 다양하지만 그중에서도 가장 쉽고 좋은 방법은 잠을 자는 것이다."라고 말했다.

NBA 농구선수로 MVP를 두 번이나 받은 스티브 내시는 코트 위에서 경기 능력을 끌어올리는 방법으로 잠을 가장 우선순위로 둔다고 한다. 그는 밤에 10시간을 자고, 낮잠 잘 시간을 따로 만들어 어디서든 낮잠을 잘 수 있도록 한다고 밝혔다.《뉴욕 타임스》와의 인터뷰에서도 "바쁘고 스트레스받는 스케줄을 소화해야 한다면 당장 수면을 우선순위로 두어야 한다."라고 대답했다.

스위스 테니스 스타 선수인 로저 페더러는 하루 10시간 이상의 수면을 취하는데, 그는 자신의 성공 비밀이 잠에 있다고 말한다. 수면은 에너지를 온전히 다시 채워 주기 때문에 특히 중요한 경기가 있을 때 충분한 수면을 취하는 것이 매우 중요하다고 말한다. 세계적인 여성 테니스 선수인 비너스 윌리엄스, 마리아 샤라포바도 하루에 10시간 이상의 잠을 자는 것으로 알려져 있다. 경기 중에 비가 내려 저녁까지 경기가 지연되면, 테니스 선수들은 낮잠을 자면서 에너지를 다시 높인다고 한다.

세계 수영 선수 랭킹 1위인 마이클 펠프스와 랭킹 2위인 라이언 록티도 강도 높은 훈련을 소화하기 위해서 낮잠을 자신의 일정에 반드시 넣는다고 한다.

세계 배구 선수 랭킹 1위이자 우리나라 국가대표 선수인 김연경도 중요한 경기 전에 반드시 낮잠을 자고, 이것이 중요한 루틴이라고 말했다. TV 프로그램 '나 혼자 산다'에서도 그녀가 시합 전에 집에서 1시간의 낮잠을 자는 모습이 방영된 적이 있다.

성공한 사람들이
낮잠을 선택한 이유

세계적으로 성공한 사람들이 낮잠 습관을 가지고 있다는 사실은, 낮잠이 분명 그들을 성공으로 이끄는 중요한 활동이라는 점을 말해 준다. 왜 최고가 된 사람들은 낮잠을 즐기는 걸까? 엄청난 일정과 업무량을 소화하기에 하루 24시간이 모자랄 텐데, 왜 그들은 부족한 시간을 쪼개면서까지 낮잠을 포기하지 않는 걸까? 나는 밤에 잠자는 시간도 부족한데, 어떻게 그들은 한창 일해야 할 오후에 한가하게 잠을 잘 생각을 할 수 있는 걸까?

성공한 사람들은 시간과 일의 효율성을 활용한다. 집중력을 높이고 자신이 가진 능력을 최대한 끌어올려 일의 성과를 높이는 동시에 시간을 절약한다. 아무리 양질의 수면을 취했다 하더라도 시간이 지나면 집중력과 에너지는 점점 떨어진다. 고갈 상태가 되기 전에 적절한 휴식을 취하는 것이 더 많은 일을 더 잘할 수 있는 방법이다. 해야 할 일도 많고 바쁜 이들에게 낮잠은 짧은 시간으로도 컨디션을 가장 효과적으로 회복할 수 있는 최고의 선택지인 것이다. 그리고 낮잠을 자면 피로 회복뿐 아니라 전반적인 능력이 높아지는 효과도 함께 누릴 수 있다. 수많은 정보를 받아들이고 이해해야 하는 사람들은 낮잠을 잠으로써 뇌를 더 똑똑하게 만들 수 있고 창의적인 일에 종사하는 사람 또한 낮잠으로 통찰력과 확장된 시야를 얻게 된다.

또한 낮잠은 일에 대한 열정과 에너지를 높여준다. 성공한 사람은 일과 삶 모두 열정적인 태도로 임하고, 나이와 상관없이 그 에너지를 유지한다. 그들이 성공한 이유는 열정으로 자신이 하는 일에 어마어마한 노력과 시간을 쏟기 때문이다. 어디서 그런 열정이 멈추지 않고 계속 솟아나는 걸까? 그 답도 역시 휴식에 있다. 제대로 된 휴식 없이 아침부터 밤늦게까지 열정과 에너지를 유지하기는 어렵다. 오후부터 서서히 체력은 떨어지고 그에 따라 의욕도 함께 하락한다. 의지와 정신력으로 버틴다고 해도 체력이 부족하면 정신력도 떨어지는 것이다. 그래서 낮잠을 자는 것이다. 차에 기름을 넣어야 멈추지 않고 계속해서 달릴 수 있는 것처럼 낮잠으로 적절한 휴식을 취하면서 자신에게 에너지와 열정을 공급하는 것이다.

성공한 사람들의
공통된 성공 습관

"We are what we repeatedly do. Excellence, then, is not an act, but a habit."
우리 자신은 반복적으로 하는 행동으로 만들어진다. 그러면 탁월함은 행동
이 아니라, 습관 그 자체가 된다.

- 아리스토텔레스

성공한 사람들의 첫 번째 공통된 성공 습관은 하루 동안의 일과가 패
턴화 되어 있다는 것이다. 세계적으로 성공한 사람의 일과를 살펴보
면 이들 모두 수면 습관도 다르고 집중해서 일하는 시간대도 제각각
이다. 성공하는 사람은 모두 비슷한 생활 패턴을 갖고 있지 않을까
싶지만, 사실 그들의 유일한 공통분모는 자신만의 생활 리듬을 고수
한다는 점밖에 없다. 그리고 매우 엄격하게 자신만의 스케줄을 지킨

다. 그들의 일과는 쉽게 파악할 수 있을 정도로 일관적이다. 사실 좀 집착으로 보이기까지 한다. 하지만 이러한 패턴화가 바로 성공한 사람들의 특징이다. 반복적이고 단조로워 보이지만 그들이 최대한 효율적으로 일하고 집중할 수 있게 만드는 성공 습관인 것이다.

항상 같은 시간에 잠을 자고, 매일 아침 정해진 일과가 있고 자신이 가장 집중해서 일하는 시간대를 정해서 반드시 지킨다. 그뿐만 아니라 운동하는 시간, 가족과 식사를 하거나 함께하는 시간 등 개인적인 활동도 규칙적으로 이뤄진다. 일이 많다고 해서 잠자는 시간이 늦어진다거나, 마음 내킬 때 운동을 한다거나, 여유 시간이 있어야 가족들과 시간을 보낸다거나 하지 않는다. 그때그때 상황에 따라 달라지는 것처럼 시간에 끌려다니지 않는 것이다. 그럼 여기서 잠깐, 누구나 알만한 세계 최고 경영자와 유명 인사는 어떻게 하루를 보낼까?

마크 저커버그(페이스북의 CEO)

- **아침 8시에 기상, 페이스북 체크 및 업데이트**
- **운동**(일주일에 3번 이상 그의 강아지와 함께 달리기)
- **운동 후 아침 식사**
- **업무**

오프라 윈프리(작가 / TV 프로그램 오프라 윈프리 쇼 진행자)

- 아침 6시에 기상

- 일어나자마자 차이티 혹은 라테를 끓여 마신 후, 50분간 운동

- 8시부터 30분간 명상

- 8시 30분에 반숙 계란과 호밀 토스트 빵으로 식사

- 업무

- 3시 30분에 오후 운동을 시작

- 6시에 저녁 식사

- 저녁 식사 후 허브티와 함께 소설을 읽으며 하루를 마무리

버락 오바마 (미국 전 대통령)

- 아침 6시 45분 기상

- 아침 운동

- 운동 후 가족과 계란, 베이컨, 흰 빵 토스트로 아침 식사

- 운동 후 15분간 신문, 책 등 읽기

- 업무

팀 쿡 (애플의 CEO)

- 새벽 3시 45분에 기상

- 일어나자마자 700~800통에 이르는 이메일 체크하고 메일을 보냄

- 5시쯤 헬스장에서 운동

- 운동 후 스크램블드 에그와 무설탕 시리얼로 아침 식사

- 업무

- 개인 시간에는 등산을 하거나 자전거를 탐

- 저녁 8시 45분부터 7시간 취침

빌 게이츠(마이크로소프트의 설립자)

- 아침 7시에 기상

- 러닝머신을 이용한 운동 후 신문 기사 속독

- 업무

- 점심으로 항상 치즈버거를 먹음

- 개인 시간에는 테니스를 치거나 가족들과 시간을 보냄

- 7시간의 수면 시간을 반드시 고수함

- 1년에 50권의 책을 읽음

워런 버핏(버크셔 해서웨이의 CEO)

- 아침 6시 45분 기상

- 일어나자마자 신문 기사 속독

- 맥도날드에서 아침 식사

- 패스트푸드를 즐기는 안 좋은 식습관과는 달리 규칙적인 운동 습관
  을 고수함

- 업무(하루 시간의 80퍼센트를 책 읽는 것으로 보냄)

- 개인 시간에는 게임을 하거나 우쿨렐레 연주로 휴식

- 밤 10시 45분에 취침

리처드 브랜슨(버진 그룹의 CEO)

- 새벽 5시 기상

- 가족과 아침식사

- 아침식사 후 자전거 타기, 수영, 테니스 등 운동

- 운동 후 이메일로 업무 파악

- 업무(SNS와 신문 기사 확인, 직원 미팅 등의 일정 소화)

- 에너지 유지를 위해 20잔 이상의 차를 마심

- 일의 집중력을 높이기 위해 요가 수행 시간을 가짐

- 매일 밤 11시에 취침

하워드 슐츠(스타벅스의 CEO)

- 새벽 4시 30분 기상

- 강아지를 산책 시킨 후 1시간 동안 운동

- 새벽 5시 45분쯤 아침 식사로 마실 커피를 끓임

- 업무

- 개인 시간에는 중국어를 배우고 책을 읽는 데 시간을 투자함

과거부터 현재까지 저명한 예술가들도 마찬가지로 엄격하게 자신만

의 일과를 지켰다. 창의적인 일에 종사하는 예술가들의 일상은 일반인보다 훨씬 더 자유분방하고 불규칙할 것 같지만 오히려 직장인보다 규칙적이고 지루하리만큼 똑같은 하루를 보낸다. 심지어 멍 때리기, 대인 관계, 빈둥거리며 노는 활동까지도 매번 시간을 정해 놓고 지켰다.

무라카미 하루키(일본 작가)

- 새벽 4시 기상

- 일어난 후 6시간 동안 글쓰기

- 오후에는 1만 킬로미터를 뛰고 밤 9시에 취침

루트비히 판 베토벤(작곡가)

- 아침 6시에 기상

- 자신이 직접 내린 커피로 아침 식사

- 아침 6시 30분부터 오후 2시 30분까지 작곡

- 점심 식사 후 3시 30분부터 5시 30분까지 산책

- 저녁에는 신문이나 책을 읽고 간단한 저녁 식사 후 10시에 취침

오노레 드 발자크(프랑스 작가)

- 새벽 1시 기상

- 새벽 1시부터 오전 8시까지 7시간 동안 글쓰기

- 오전 8시부터 1시간 30분 낮잠

- 저녁 6시까지 글쓰기

- 저녁 6시에 취침

찰스 다윈(과학자)

- 아침 7시 기상

- 7:00~7:30 30분간 산책

- 7:30~8:00 30분간 아침 식사

- 8:00~9:30 9시 일하기

- 9:30~10:30 편지를 읽거나 아내와 대화

- 10:30~11:30 일하기

- 11:30~12:00 30분간 강아지 산책

- 12:00~12:30 30분간 점심 식사

- PM1:00~3:00 신문 읽고 편지 쓰기

- PM3:00~4:00 1시간의 낮잠

- PM1:00~4:30 30분간 산책

- PM4:30~5:30 일 마무리

- PM5:30~6:00 멍 때리기

- PM6:00~7:00 아내와 책 읽으며 휴식

- PM7:00~8:00 계란과 차 한 잔

- PM8:00〜9:00 아내와 게임

- PM9:00〜10:00 과학 서적 읽기

- PM10:00〜12:00 잠들기 전까지 침대에 누워서 문제 해결하는
  것을 좋아함(침대에 누워 빈둥댄다는 뜻)

- 밤 12시에 취침

그들이 이토록 고집스럽게 반복적인 생활 패턴을 유지하는 이유는 뭘까? 바로 시간을 최대로 활용해서 중요한 일에 집중하기 위해서이다. 자신이 가장 생산적일 수 있는 시간대를 알고 철저하게 그 시간을 지킨다. 그리고 아침에 하는 일, 오후와 저녁 시간에 하는 활동을 정하고 패턴화함으로써 집중력을 높일 뿐 아니라 가장 능률적인 환경을 만든다. 이는 일관된 생활 패턴을 통해 스스로 생활 습관을 유지하도록 강제성을 주는 것이기도 하다.

성공한 사람들의 두 번째 특징은, 대부분 아침형 인간이라는 점이다. 대다수의 리더가 새벽 6시에 일어나고, 그중 80퍼센트는 5시 30분 이전에 일어난다고 한다. 내가 지금껏 만나 왔던 성공한 직장인도 모두 아침형 인간이었다. 그리고 직급이 올라갈수록 출근하는 시간도 빨라진다. 뉴욕에서 회사에 다닐 때에도 사장이 가장 먼저, 대략 아침 6시에 출근하고 그 다음 임원이 7시에, 그리고 팀장들이 8시쯤, 마지막으로 9시가 다 되어서 사원들이 출근 시간에 겨우 맞춰 도착

한다. 그리고 또 하나 재밌는 사실은, 에너지 레벨도 밑에서 위로 올라갈수록 높아진다는 점이다. 이러한 현상은 한국의 직장인들에게도 똑같이 나타난다. 기업 영어 강사로 있을 때 다양한 업계와 직급의 직장인을 만났는데, 사장, 부사장과 같은 직급이 높은 임원들의 수업은 어김없이 아침 7시에 시작된다. 더 놀라운 점은, 이들은 수업 시작도 전에 이미 회사 내 피트니스 센터에서 운동까지 마치고 업무 준비뿐 아니라 수업 준비도 완벽히 끝냈다는 사실이다. 반면 사원들의 수업은 8시나 9시에 시작되고, 그마저도 수업 시간에 지각하거나 빠지는 경우도 종종 있었다.

물론 아침에 반드시 일찍 일어나야만 성공하는 것은 아니다. 하지만 중요한 사실은 아침에 일찍 일어나는 사람이 그 반대의 생활 습관을 갖고 있는 사람에 비해 충분한 숙면을 취할 수 있는 가능성이 높다는 점이다. 아침에 일찍 일어난다고 해서 그만큼 더 시간 활용을 할 수 있다거나 더 부지런하게 하루를 보낼 수 있다는 것은 아니다. 대부분의 아침형 인간은 저녁이 되면 맥을 못 추고 일찍 잠자리에 들기 때문에 하루 동안 활동하는 시간은 저녁형 인간과 별반 다르지 않다. 그러나 충분한 수면을 취한 뒤에 높은 에너지와 좋은 컨디션으로 활동하는 사람과, 수면 부족이나 수면의 질 하락으로 피로가 회복되지 못한 사람의 하루는 다를 수밖에 없다. 또한, 일반적으로 저녁 시간대가 창의적인 일을 하는 데 집중하기 더 좋다고 생각하지만, 실제로 창의력을 요하는 업종에 종사하는 사람은 아침형 인간이 많다. 영감은 사실 잠을 자고 일어났을 때나 완벽한 휴식을 취했을 때 더 자주 떠오른다고 한다.

그리고 성공한 사람 중 아침형 인간이 많은 이유는, 우리의 신체는 새벽이 되면서 체온이 올라가고 코르티솔 호르몬이 분비되어 뇌의 활동이 가장 좋아질 수 있는 최적의 상태로 바뀌기 때문이다. 게다가 이른 아침은 방해받지 않고 조용히 집중하기에도 좋은 시간대이기 때문에 하루 중 가장 중요한 일들을 먼저 처리하는 데 쓰는 것이 효율적이다. 실제로 과거부터 현재에 이르기까지 성공한 사람들의 활동 시간대를 그래프로 그려서 비교해 보면 아침이 대부분이라는 사실이 확연히 드러난다. 특히 새벽 6시부터 오후 2시까지가 가장 많고, 그보다 좀 더 이른 새벽 4시부터 활동을 시작하기도 한다. 그리고 밤 10시에서 새벽 4시 사이에 대부분 수면을 취한다는 사실이 확실하게 도표로 확인된다. 밤에는 호르몬과 신체 기관이 휴식과 수면을 취하기 위한 활동을 시작한다. 그래서 밤 시간에는 잠을 자는 것이 우리 몸의 기능을 높이는 생활 습관인 것이다. 이처럼 성공한 사람은 그만큼 신체의 컨디션과 기능을 최대한 활용하는 사람인 것이다.

세 번째 특징은, 성공한 사람들은 충분한 수면을 취한다는 점이다. 우리는 세계적인 경영자들과 저명 인사들이 항상 시간에 쫓기며, 잠도 자지 않고 일에 매달렸기 때문에 최고의 위치에 올랐다고 추측하지만, 사실 그들은 기본적인 수면 시간을 지킨다. 그렇다면 그들은 언제, 그리고 얼마나 자는 걸까?

빌 게이츠(마이크로소프트 CEO) **7시간**(12:00~7:00)

팀 쿡(애플 CEO) **7시간**(08:45~03:45)

제프 베조스(아마존 CEO) **8시간**(10:00~06:00)

네일 파텔(미국 베스트 셀러 작가/Crazy Egg 창업가) **8시간**(11:00~7:00)

엘런 드제너러스(미국 TV Show 진행자) **8시간**(11:00~7:00)

레오 와일드리치(버퍼 CEO) **8시간**(01:00~09:00)

아리아나 허핑턴(허핑톤 포스트 CEO) **7시간**(10:00~05:00)

잭 도시(트위터 CEO) **7시간**(10:30~5:30)

벤자민 프랭클린(미국 초대 정치인) **7시간**(10:00~5:00)

레프 톨스토이(작가) **7시간**(10:00~05:00)

찰스 다윈(과학자) **7시간**(12:00~07:00)

빅토르 위고(작가) **8시간**(10:00~06:00)

토마스 만(작가) **8시간**(12:00~08:00)

루트비히 판 베토벤(작곡가) **8시간**(10:00~06:00)

임마누엘 칸트(철학가) **7시간**(10:00~05:00)

사실 이들의 수면 시간대는 그다지 공통점이 없다. 예를 들어 빌게이 츠는 12시에서 7시까지 수면을 취했지만, 경쟁사 애플의 최고 경영 자인 팀 쿡은 초저녁부터 이불속으로 들어가 새벽 3시 45분에 일어난다. 반면에 젊은 경영자인 버퍼의 레오 와일드리치는 저녁형 인간으로 새벽 1시에 잠자리에 들고 아침 9시가 되어야 일어난다. 이렇게 잠드는 시간과 일어나는 시간도 제각각이지만 공통적으로 그들은 최소 7시간 이상의 충분한 수면을 취하고, 자신의 수면 시간을 철저하게 지킨다.

충분한 잠을 자고 일어나 곧바로 중요한 일들을 처리하는 것은 시간을 가장 효과적으로 잘 활용할 수 있는 방법이다. 이 수면법은 남들보다 적은 시간 일해도 더 성과가 높을 수 있는 이유이자 성공적인 시간 경영법인 셈이다. 잠을 충분히 자지 못해 몽롱한 상태로 오전의 한두 시간을 흘려보내는 것은 그 가치로 따지면 상당량 시간을 낭비한 것과 같다.

우리는 그들이 일반인과는 차원이 다른 업무량과 스케줄을 소화하고 있지만 최소 7시간의 잠을 필요로 한다는 것, 그리고 이들이 하루 중 잠을 자는 것에 1/3에 해당하는 시간을 투자하는 데는 이유가 있다는 점에 주목해야 한다. 그들은 리더들에게 요구되는 집중력과 효율성, 효과적인 시간 관리를 위해서 양질의 수면을 취하는 것이 매우 중요하다는 것을 알고 있다. 수면 활동은 아까운 시간이 아니라 하루 활동의 질을 결정짓는 가장 중요한 활동이라는 사실 또한 인식하고 있다. 빌게이츠는 최소한 7시간 이상의 수면을 강조해 왔고, 창의적인 일에는 수면이 더욱 중요해진다고 말한다. 아마존 최고 경영자인 제프 베조스도 자신이 8시간의 수면을 취했을 때 하루 종일 가장 좋은 컨디션을 갖는다고 얘기한다.

　네 번째 특징은, 아무리 바빠도 운동을 한다는 점이다. 그리고 주목할 점은 대부분 일어나자마자 하루의 첫 번째 일과로 운동을 한다는 것이다. 몸을 움직이는 일은 잠을 깨우는 데도 좋지만 무엇보다도 뇌의 활동력을 높여 일의 집중력과 성과를 높인다. 또한 바쁜 오전 활동을 하기 위한 에너지를 끌어 올리는 데도 운동이 도움을 주기 때문이다. 스타벅스 CEO인 하워드 슐츠는 아침에 일어나자마자 자전거를 타고, 트위터 창업가인 잭 도시는 매일 아침 조깅을 한다. 오프라 윈프리도 매일 아침 30분간 러닝머신으로 운동을 하고 버락 오바마 미국 전 대통령은 아침에 일어나서 농구를 하는 것으로 유명하다. 그리고 버진 그룹 CEO인 리처드 브랜슨은 수영이나 헬스 등 다양한 운동을 즐기는 것으로 알려져 있는데, 그는 운동이 하루에 최소 4시간 이상의 추가 생산성 시간을 준다고 말한다. 주 60시간 이상을 회사 일로 보낸다는 페이스북 CEO 마크 저커버그도 이렇게 어마어마한 업무 시간에도 운동하는 데 꾸준히 시간을 투자한다.

　성공한 사람들이 운동을 규칙적으로 하는 이유는 단순히 에너지를 끌어올리기 위함만은 아니다. 신체적인 체력이 곧 성공하기 위한 기본 자질이기 때문이다. 강인한 정신력과 열정도 건강한 체력에서 나온다. 튼튼한 신체가 뒷받침해 주지 않는다면 의지도 떨어지고 추진력도 하락하게 된다. 이들은 체력을 건강하게 유지하는 일이 에너지와 뇌의 활동력을 높여줄 뿐만 아니라 강인한 정신력을 유지하는 데 중요한 요소라는 사실을 알기 때문에 하루 일과에 운동을 반드시 포함시키는 것이다.

마지막 특징은, 그들은 반드시 휴식을 취한다는 것이다. 그들은 아무리 바빠도 낮잠을 자는 시간을 만들거나 여의치 않으면 이동하는 차 안에서라도 낮잠을 잔다. 또한 운동이나 산책, 또는 책을 읽는 것으로 휴식을 취하기도 한다. 이들이 휴식을 취하는 방식은 다양하지만 중요한 사실은 아무리 업무량이 많고 스케줄이 빡빡하더라도 적절한 휴식을 취해줌으로써 신체적, 정신적 피로를 회복한다는 점이다. 적당한 휴식은 생산성을 높여 주는 가장 좋은 방법이기 때문이다. 오히려 더 잘, 더 많이 쉬어 줄수록 업무 성과가 높아지고 최고의 컨디션과 에너지를 갖게 된다. 그래서 그들은 더 집중해서 더 많은 양의 업무를 처리하기 위해 바쁜 하루 중에도 하던 일을 잠시 멈추고 몸과 마음을 휴식할 수 있는 시간을 가진다. 또한 성공에 있어 일과 휴식의 균형을 무엇보다도 중요하게 생각한다.

이처럼 성공한 사람들의 특징들을 잘 살펴보면 모두 시간과 효율성 관리를 위해 만들어진 습관이라는 것을 알 수 있다. 쓸데없는 것들에 신경을 빼앗기지 않으면서 우선순위에 집중하고, 한정된 시간 안에서 가장 최적의 컨디션으로 자신의 능력을 끌어낼 수 있도록 자기 관리를 하는 것이다. 누구보다도 자신의 효율 관리에 주의를 기울인다는 것이 다른 사람들과의 가장 큰 차이점이다. 그들이 특별히 머리가 월등히 좋아서도 아니고 배경이 좋아서도, 나보다 적게 자고 더 많은 시간 일해서도 아니다. 그들은 단지 철저한 자기 관리를 통해 일의 효율성을 높이고 자신이 가진 능력을 최대한 활용할 수 있는 생활 습관들을 갖고 있다.

나를 위한
성공 습관!

그럼 나 자신을 돌아보자. 위에 열거된 성공한 사람들의 습관 중에 나에게 해당되는 것이 몇 가지나 있는가? 일단 생활 패턴부터가 일정하지 않다. 수면 시간도 정해져 있지 않고 그날그날 일과에 따라 매번 다르다. 매일 엄격하게 지키는 활동이나 집중하는 시간대도 딱히 없다. 상황에 따라 필요한 일과 행동을 취할 뿐이다. 그래서 정신없이 바쁘다. 뭐 특별히 하는 것도 없는데 하루가 금방 지나가서 시간이 늘 부족하다.

수면 상태는 어떤가? 성인 평균 권장 수면 시간인 7~8시간은커녕 6시간도 못 자는 경우가 대부분이다. 야근이나 회식을 하거나 사람들과 어울려 술 한잔을 하다 보면 새벽 늦게 잠자리에 들고 취미 생활이나 다른 활동들에 수면은 언제나 밀려난다. 무엇보다 규칙적이고 충분한 수면이 크게 중요하다고 생각해 본 적이 없다. 찌는 옆구리 살과 배를 볼 때마다 '올해에는 반드시 운동을 꾸준히 해서 멋진 몸매를 만들어야지.'라는 생각을 하지만 퇴근 후에는 이미 너무 지쳐 운동할 마음도 없어진다. 나에게 휴식이란 그저 빨리 집에 가서 맥주 한잔하면서 소파에 누워 좋아하는 TV 프로그램이나 스포츠를 보면서 쉬는 것이다. 성공한 사람들과 최고 경영자들은 나보다 나이도 많고 24시간이 모자랄 만큼 업무량도 상당할 텐데 어떻게 저렇게 활기차고 에너지가 넘치는지 알 수가 없다. "휴우…… 결국 나는 포기해야 하는 걸까? 과연 바뀔 수 있을까? 어디서부터 시작해야 하는 걸까?"

사실 성공 습관이란 것은 별거 없다. '아침에 일찍 일어나기', '규칙적으로 운동하기', '충분한 수면 취하기'처럼 돈이 많아야 할 수 있는 것도 아니고 머리가 좋아야, 유전적으로 타고나야 할 수 있는 것도 아니다. 다분히 상식적이고 우리가 모두 실천해 볼 만한 것들이다. 그런데 왜 우리는 알면서도 따라하지 못하고 작은 성공 습관 하나 가지기도 어려운 걸까? 왜 나는 기존의 내 모습을 벗어날 수 없는 걸까?

가장 큰 원인은 우리가 너무 피곤하기 때문이다. 작은 습관이라도 완전히 내 것으로 만들려면 꾸준히 반복해야 한다. 하지만 우리는 일상생활에 너무 지쳤기 때문에 몸과 마음의 체력이 부족하다. 그저 하루하루를 유지하는 것도 벅찰 때가 많다. 나를 바꿀 만한 혁신적인 변화를 일으키려면 강한 의지를 뒷받침해 줄, 그보다 훨씬 더 강력한 체력이 있어야 한다. 하지만 불면증과 같은 수면 장애와 만성적인 수면 부족, 그로 인해 회복되지 못하는 피로는 우리의 의지를 쉽게 꺾고 만다. 아무리 성공을 원하고 목표를 위해 매달린다고 해도 몸이 피곤하고 건강하지 않으면 의지는 흐지부지되어 버리고, 미루고 싶은 마음이 들기 마련이다. 매번 작심삼일로 실패하는 이유를 의지박약이라며 자신을 비난할 필요가 없다. 당신은 그저 너무 피곤한 사람일 뿐이다.

그러니 성공 습관을 갖고 싶다면, 나도 성공하고 싶다면 가장 먼저 시작해야 할 것은 의지가 아니라 체력을 키우는 일이다. 해마다 달성하고 싶은 목표 리스트를 만들고 의욕만 넘치는 스케줄을 짜는 대신 어떻게 하면 더 잘 자고, 잘 먹고, 잘 쉴 수 있을지를 신경 써야 하는 것이다. 이루고자 하는 것을 추진할 수 있는 강인한 체력을 얻는 것을 목표로 해야 한다.

그리고 우리가 부담 없이 따라 해볼 수 있고, 그 활동 자체로 즐거운 것은 바로 마지막으로 언급된, 휴식을 자주 취해 주는 습관이다. 무엇보다도 현재 나의 모습을 바꾸고 성공 습관을 갖는 첫걸음은 피로와 스트레스를 회복하는 일이다. 낮잠 습관이 나를 변하게 하는 좋은 방법인 이유가 바로 여기에 있다. 낮잠은 체력의 바탕이 되는 수면을 충당하고, 피로와 스트레스를 가장 효과적으로 해소해, 신체와 정신의 힘을 가장 쉽게 회복시키는 에너지원이기 때문이다. 하루에 한 번 낮잠을 자는 습관은 계속해서 쌓이는 피로에 지쳐 작은 습관 하나도 유지하기 벅찬 우리에게 일상을 활기차게 살아갈 의욕을 선물한다.

　더 많은 걸 더 잘하려고 무리하지 말고 오히려 반대로 더 잘 자고, 잘 쉴 수 있는 습관을 들이도록 노력해야 한다. 성공한 사람들은 시간을 분초를 다퉈 가며 아끼려고 하지 않는다. 그들은 잠도 충분히 자고, 잘 쉬고, 소중한 사람들과 시간을 보내고, 운동도 취미 생활도 하고, 일도 완벽하게 하기 위해서 능률적으로 시간을 보내는 방법을 몸으로 체득하고 그걸 지킴으로써 건강과 행복, 성공 모두를 얻은 것이다.

낮잠
Q&A

Q: 며칠 동안 계속 낮잠을 시도하는 중인데, 아무리 해도 낮잠 잘 시간이나 여력이 되지 않는 날은 낮잠을 건너뛰어도 상관없을까?

A: 물론 상관은 없다. 낮잠은 건강하고 행복한 하루를 위한 좋은 활동일 뿐이다. 단지 우리 몸은 어떤 방향으로든 항상성을 유지하려고 하기 때문에 매일 규칙적으로 낮잠을 자면 더 편안하고 쉽게 낮잠을 잘 수 있고, 낮잠의 효과를 최대로 누릴 수 있다. 그래서 나도 매일 짧게라도 낮잠을 자려고 하지만 어떤 날은 어쩔 수 없이 아예 낮잠을 잘 수 없는 경우도 있다. 그러나 모든 습관이 그렇듯이 하루 이틀 건너뛰기 시작하면 어느 샌가 사라져 버린다. 그리고 평소처럼 낮잠을 자는 것이 쉽지 않을 수 있고 다시 낮잠 습관을 만들고 낮잠 효과를 보려면 그만큼의 노력이 필요해지니 '자도 그만 안 자도 그만'이 되

지 않도록 주의하면 된다. 좋은 습관은 만들긴 어려워도 깨지긴 쉬운 법이다. 특히 낮잠처럼 간단하게 습관을 들일 수 있는 것들이 더 쉽게 잊혀질 수 있다. 노력과 의지와 상관없이 나의 습관으로 만들어지려면 꾸준함이 필요하다. 매일 낮잠을 자면 좋겠지만 상황이 여의치 않는다면 평일 기준으로 주 2~3일은 반드시 낮잠을 자려는 생각을 갖자. 나도 오후 일정이 빠듯할 때는 건너뛸 때도 있고 상황에 따라 낮잠 시간도 달라지지만 그래도 하루 활동의 주요 스케줄에 낮잠을 꼭 포함시킨다.

PART 03

낮잠으로 능력, 행복, 건강 모두 얻기

누구나 성공을 원한다. 돈도 많이 벌고 싶고, 기왕이면 좋아하는 일을 하면서 능력까지 인정받으며 승승장구하고 싶다. 좋아하는 취미 생활을 하고 다양한 사람과 어울리고 싶고 가족과, 사랑하는 사람과 보내는 시간도 많았으면 좋겠다. 일 년에 한두 번씩은 해외에 나가서 여행도 즐기고 나를 위해 아낌없는 투자도 하고 싶다. 매일이 자신감 넘치고 행복하고 즐거운 일로 가득 찼으면 좋겠다.

만약 낮잠을 자는 것만으로 이러한 성공에 가까워질 수 있다면 당신은 믿겠는가? 물론 아무것도 하지 않고 낮잠만 잔다고 해서 갑자기 인생이 바뀌진 않는다. 그러나 분명한 사실은, 하루 한 번의 낮잠은 당신을 성공으로 이끌어 줄 건강한 습관을 만들고, 결국 당신을 변화하게 한다는 점이다. 당신은 낮잠으로 활기찬 하루, 자신감과 만족감이 넘치는 하루, 시간을 주도적으로 이끄는 완벽한 하루를 보낼 수 있다. 성공이란 결국 행복하고 만족스런 하루하루가 쌓이는 과정 중에 자연스럽게 따라오는 부가물이다.

누구나 한 번쯤은 성공한 사람들의 성공 습관을 무작정 따라 했다가 작심삼일로 실패하는 경험을 해봤을 것이다. 그러나 낮잠은 누구나 손쉽게 따라할 수 있는 습관이다. 돈이 드는 것도 아니고 아침 일찍 일어나는 일처럼 고통스럽지도 않다. '낮잠을 즐기다'는 말이 있을 만큼 낮잠은 우리에게 즐거운 활동이다. 왜 낮잠을 자야 하는지를 떠나서 즐길 수 있는 성공 습관이라면 당장 시도해 볼 만한 가치가 있지 않을까?

낮잠으로
직장에서 성공하기

나이: **38세**

직업: **국내 대기업 전자회사 기술개발팀**

좋아하는 운동: **없음**

취미: **온라인 게임 하기, TV 스포츠 게임 시청**

특이사항: **회사 생활에 염증을 느끼는 상태**

건강: **평균 수면 시간 5시간 미만. 잦은 야식과 음주로 고혈압과 비만과 같은 성인병 위험도 높음**

외모: **무표정. 항상 미간을 찡그리고 있으며 인상이 어두움. 어깨가 굽어 있고 걷는 자세가 구부정함**

이 남자의 하루를 한번 들여다볼까?

전날 회식으로 새벽 1시가 넘어서 겨우 잠들었다. 조금만 더 일찍 일어나서 러시아워를 피해 여유롭게 회사에 출근하고 싶지만 현실은 단 5분이라도 더 자고 싶단 생각밖에 없다. 간신히 일어났는데 입맛도 없고 시간도 없어 아침은 그냥 건너뛰는 게 일상이다. 솔직히 아침 먹을 시간이 있으면 그 시간에 좀 더 자고 말 테다. 출근 시간에 맞추려고 회사 앞 건널목부터 뛰기 시작해서 간신히 지각은 면했다. 출근하자마자 탕비실에 들어가 커피부터 타 마신다. 회사 동료들과 커피를 마시며 인사를 나누다 보면 30분은 그냥 흘러가고, 메일 체크와 미팅을 끝내고 나면 바로 점심시간이다. 상사와의 점심 식사는 그저 업무의 또 다른 연장 시간일 뿐이지만, 카페에서 동료들과 커피를 마시면서 수다 떠는 시간은 회사 생활의 유일한 자유 시간이다. 아침에 일어난 순간부터 오전을 휩쓸리듯이 보내고 점심을 먹고 나면 그때서야 전날 잠을 몇 시간 못 잔 피로가 몰려오고, 도저히 일에 집중할 수가 없다. 회사 책상에 앉아 있으니 눈꺼풀이 너무 무겁고 졸려서 일하는 척만 하고 있을 뿐, 제대로 일을 할 수가 없다. 결국 회사 1층 카페에 내려가 벌써 몇 잔째인지도 모를 진한 커피를 사다 마시고, 카페인의 힘으로 오후 업무를 본다. 퇴근 시간은 6시이건만 상사 눈치를 보다 7시나 돼야 겨우 회사를 벗어난다. 퇴근을 하고 집에 돌아오면 빨라야 저녁 8~9시쯤? 야근이나 회식이 있다면 저녁 10시~11시까지도 늦어진다. 이미 에너지는 바닥이다. 하루 종일 특별히 한 것도 없는 것 같은데도 너무 피곤하고 퇴근하면 그냥 아무 것도 안 하고 쉬고 싶다. 세 달 전에 끊어 놓은 헬스클럽은 이미 지난달부터 발길을 끊었다. 이렇게 하루가 끝나 버리면 내 삶은 없고 회사의 노예가 된 것만 같다. 취미 생활이라도 하고 싶은데 뭘 좋아하는지, 뭘 하고 싶은지도 잘 모르겠고, 무엇을 알아보는 일도 귀찮다. 그렇게 토요일만 기다린다. 주말이 되면 주중에 고생한 자신을 보상하려는 심리 때문인지 주로 소비적인 활동만 하게 된다. 쇼핑을 하거나 친구들과 술을 마시거나 영화를 보거나 요즘 유행한다는 레스토랑, 디저트 카페에 가서 값비싼 음식을 사먹고 SNS에 사진을 찍어 올린다. 이런게 휴식이라고 생각하고 싶지만 이렇게 보내는 주말이 그에게 충분한 휴식이 되었다면 애초에 '월요병'이라는 말이 왜 생겼겠는가? 그렇게 그는 체력과 잔고가 바닥난 채로 돌아오는 한 주를 맞이한다.

잠이 부족해서 피곤해 죽겠다고 하지만 적극적으로 잠을 더 자려고 하지도, 휴식을 취하려고도 하지 않는다. 왜? 어떻게 휴식을 취해야 할지 모르기 때문이다. 피곤하고 지칠 땐 카페에서 아메리카노를 마시는 것이 휴식이고, 동료들과 퇴근 후에 술이나 한잔하는 게 유일한 스트레스 회복법이기 때문이다. 그렇게 피로가 해결되지 않은 상태로 하루하루가 쌓이다 보면 서서히 지쳐 나가떨어진다. 업무 능률은 오르지 않고 업무 성과도 점점 떨어질 뿐 아니라 개인의 삶도 위태로워진다. 모든 것에 흥미가 없어지고 의욕도 사라지고 점점 나 자신을 잃고 있다는 상실감이 몰려온다.

직장에서 자신의 능력을 인정받고 승승장구하려면 당연히 업무 평가가 좋아야 하는 건 기본이고 근무 태도나 동료 간의 대인관계 등 외부적인 평가도 무시하지 못한다. 하지만 피곤과 잠에 찌든 얼굴로 아침마다 출근 시간에 겨우 맞춰 회사에 오고, 업무 시간임에도 동료들과 시도 때도 없이 카페에 가서 커피를 마시거나 담배를 피우면서 시간을 보내는 사람, 인상이 좋지 않고 자주 짜증이나 화를 내는 사람, 아침 식사는 주로 건너뛰고 식사를 대충 때우면서 회식 때 폭음하거나 야식을 자주 먹는 사람, 따로 운동이나 건강관리를 하지 않아 비만인 사람, 뒤에서 동료와 상사의 험담을 자주 하는 사람, 이런 모습의 직장인이 회사에서 업무 능력을 인정받아 승진하는 경우는 거의 없다.

반면, 출근 시간 1~2시간 전에 미리 회사에 도착해서 아침 일찍부터 책을 읽거나 공부를 하면서 자기 계발을 하는 사람, 아침 식사는 규칙적으로 꼭 챙겨먹고 자신의 식단에 신경을 쓰고 관리를 하는 사람, 항상 긍정적이고 밝은 기운이 넘치는 사람, 하루 종일 활동적이고 에너지가 가득한 사람, 늦은 저녁의 술자리는 적당히 즐기고 자제할 줄 아는 사람, 바쁜 와중에도 짬을 내 규칙적으로 운동을 해서 몸매가 탄탄하고 건강해 보이는 사람, 인상이 좋고 여유가 있어 보이는 사람, 상사와 동료들이 좋아하고 따르는 사람들이 초고속으로 승진하는 건 당연한 일이다.

기업 영어 강의로 만나 왔던 수많은 직장인 중에는 다른 사람과 똑같은 환경에 있지만 유독 회사 일을 즐기면서 성공하는 사람들이 있었다. 태도에 여유가 있고 적극적일 뿐 아니라 언제 봐도 에너지가 넘치고 활기찼다. 이들 모두 정서적으로도 건강해 보인다고 느껴지고 겉보기에도 몸매가 날씬하고 자세도 발랐다. 만나서 얘기하고 있으면 그 긍정적이고 열정적인 분위기에 나도 덩달아 동기부여가 됐고, 같이 기분이 좋아졌다. '왜 똑같은 일을 하면서 저 사람은 저렇게 짜증 한 번이 없을까?' 하는 의문이 생겼다. 그들에게서 남들과 두드러지는 차이점은 발견할 수 없었지만, 이들의 공통분모는 존재했다. 그것은 바로 휴식이었다. 그들은 자신만의 휴식을 평상시에도 항상 즐김으로써 일상의 활력도 얻고, 그때그때 스트레스를 즉각적으로 풀 수 있었던 것이다.

삼성 그룹 계열 회사의 K부장은 프로페셔널하고 흐트러짐 없는 완벽한 직장 생활을 보내고 있다. 사람을 대하는 태도에서도 여유가 있어 보이고, 일에 열정적일 뿐 아니라 자기 계발도 게을리 하지 않는다. 그에게는 멋지고 성공한 중년의 직장인이라는 말이 아주 잘 어울린다. '어쩌면 자기 관리가 저렇게 철저할까?'라는 생각을 했었는데 그의 동기부여는 다름 아닌 캠핑이었다. 그는 주말마다 가족들과 캠핑장을 찾았다. 칼바람이 부는 겨울에도 빠지지 않고 직접 예약을 하고, 부인과 두 아들을 데리고 매주 캠핑을 다녔다. 근사한 캠핑 도구를 하나하나 사 모으는 것도 행복이었고, 가족과 맛있는 음식을 만들어 먹으면서 오붓한 시간을 보내는 것도 그만의 휴식 방법이었다. 그는 주말에 가족과 캠핑 갈 생각을 하면 설레고 의욕이 넘쳐 난다고 했다. 그는 그렇게 다시 한 주를 보낼 힘을 얻는 것이었다.

다른 대기업 G회사의 대리였던 L씨는 일하는 방식 자체가 남들과 달랐다. 영어 수업시간에도 단지 수동적으로 수업 내용만 배우고 가는 것이 아니라 항상 회사 일과 관련된 영어 서류를 들고 오거나, 자신이 알고 싶은 것들을 메모해 와서 '이것 좀 봐 달라, 저것 좀 알려 달라'며 배울 수 있는 것이라면 능동적인 자세로 공부에 임했다. 상사가 일을 시키면 해야 할 일 외에 추가적인 업무를 했다. '그건 왜 하는 거냐?'라고 물어본 적이 있는데 그것이 자신이 일을 더 잘 이해할 수 있는 방법이기 때문에 한다고 했다. 그가 상사에게 인정받고 있다는 사실은 불 보듯 뻔한 일이었다. 역시나 그는 그 당시, 회사에서 사업 확장을 위해 집중하던 해외 사업 프로젝트를 담당하는 중심적인 역할을 맡고 있었다. 그가 남들과는 다른, 적극적이고 긍정적인 태도를 가질 수 있었던 이유는 일과 삶의 균형을 잘 조절했기 때문이다. 그는 완벽하게 일과 자신의 삶을 분리했다. 일을 할 때는 일에 완전히 몰두했고, 일이 끝나면 자신의 생활을 신나게 즐겼다. 사실 그에게는 남다른 취미가 있었다. 바로 게임팩을 사모으는 것이었다. 그는 게임팩 마니아였는데, 재미있다는 게임팩은 국내에 없으면 해외에서 사모을 정도로 열정적으로 자신의 취미를 즐겼다. 비록 부인에게 들키지 않기 위해 회사로 택배를 받아 몰래 방에 숨겨 두고 게임을 즐기고, 결국 들켜서 혼났다면서도 매번 게임 얘기를 할 때는 신이 났다. 그의 게임팩 모으기 취미는 하루의 피로를 날려 버리는 최고의 휴식이자 스트레스 관리법이었다. 업무를 끝내고 집에 가서 좋아하는 게임을 한다는 생각만으로 기분이 좋아지는 활력소를 갖고 있는 셈이었다.

당신도 그들 못지않게 열심히 일하고, 뒤처지지 않는 능력과 스펙을 갖고 있다. 단지 그들이 당신과 다른 점이 있다면, 그들은 당신이 대수롭게 생각하지 않는 휴식 관리를 한다는 것이다. 당신은 잠이 부족해서 피곤하고 스트레스를 받을 때 커피를 마시거나 담배를 피우면 된다고 생각하면서, 자신의 능력과 자원을 어떻게 가장 잘 활용할 수 있을지에 대한 관심이 없을 뿐이다. 회사는 어차피 나와 비슷한 스펙과 능력을 가진 사람들이 모인 집단이다. 옆에 앉은 동료가 나보다 월등히 머리가 좋은 것도 아니고(설사 그렇다고 해도 머리가 비상하게 좋다고 해서 반드시 성공하는 것은 아니다) 모두가 비슷한 자원을 갖고 있는데, 누가 성공하고 누가 떨어져 나가느냐는 그 사람의 에너지와 피로 관리 차이에서 시작된다.

"그렇다고 없던 취미를 가져볼까?"라고 억지로 만들려고 노력할 필요는 없다. 특별한 취미나 관심사가 없더라도 나에게 맞는 휴식을 갖는 방법은 분명히 있다. 매일 밤 한강을 달리면서 운동으로 휴식을 취할 수도 있고, 떠올리기만 해도 미소가 지어지는 사랑스런 반려견과 놀아 주는 것도 어떤 사람들에게는 하루의 스트레스를 날려 보내는 가장 행복한 휴식일 수 있다. 그리고 그중에서도 가장 손쉬운 선택지는 매일 20~30분의 낮잠을 자는 것이다. 사실 피로에 지친 나에게 해줄 수 있는 가장 좋은 선물은 잠을 더 자는 것이다. 낮잠은 몸과 뇌가 가장 좋아하는 휴식이자 건강하고 자연스러운 휴식법이기 때문이다.

그럼 이제 아래 직장인 남성의 하루를 한번 따라가 보자.

나이: 38세 남성

직업: 국내 화장품 회사 해외 영업팀

좋아하는 운동: 수영. 러닝. 테니스

취미: 요리. 배낭여행. 독서

특이사항: 승승장구. 완벽한 영어 실력을 갖추고 있으며 최근에는 스페인어 공부도 시작함

건강: 탄탄하고 건강한 몸매

외모: 얼굴이 환하고 밝은 인상. 표정이 밝고 여유롭고 자신감 넘침. 자세가 바르고 걸음걸이가 당당함

그는 어제 밤에도 7시간의 충분한 숙면을 취했다. 아침에도 개운하고 상쾌하게 일어났다. 아침에 일찍 일어났기 때문에 아침 식사를 챙길 여유와 시간이 충분하다. 든든하게 아침식사를 하고 남들보다 먼

저 출근하니, 한적한 출근길을 즐기며 느긋하게 회사에 도착한다. 업무 시간까지 1시간 이상 남았으니 커피 한 잔을 마시면서 읽던 책과 신문을 읽고, 요즘 새롭게 시작한 스페인어 공부를 한다. 아니면 그날 해야 할 업무에서 중요한 일을 먼저 시작한다. 출근 시간이 되면 동료들이 속속 회사에 도착하고 그들은 그제야 삼삼오오 모여 수다를 떨면서 카페로 향하거나, 믹스 커피를 타 마시면서 30분가량을 흘려보낸다. 하지만 그는 이미 아침 업무 준비를 마쳤기 때문에 바로 일을 시작할 수 있다. 그는 충분한 수면과 든든한 식사, 여유 있는 아침의 시작으로 이미 뇌가 풀 가동돼서 완전히 깨어났기 때문에 오전 시간 동안 집중해서 일할 수 있다. 그날 해야 할 중요한 보고서나 기획서를 오전에 마무리해서 마음이 여유롭다.

그는 점심 식사 후에 아무도 없는 회의실에 들어가 20분의 짧은 낮잠을 잔다. 오후가 되면 에너지는 떨어지고 오전 내내 쉬지 않고 활동했던 뇌는 휴식이 필요하기 때문이다. 20분, 가능하다면 1시간의 낮잠을 자고 나서 오후의 업무를 다시 시작하는데, 오히려 아침보다 일이 더 잘 된다. 낮잠으로 누적된 피로도 말끔히 해소되고 에너지가 회복되어 오후에도 지치지 않고 일에 다시 집중할 수 있다. 그는 일의 우선순위를 정하고 하루의 활동 리듬에 맞춰 업무를 배분했기 때문에 오전에는 가장 중요한 일들을 마치고, 점심시간의 낮잠으로 에너지를 회복한 후, 높아진 집중력으로 오후에도 효율적인 생산 활동을 할 수 있었다. 덕분에 아침부터 저녁까지 주도적으로 시간을 보내고, 자신이 가진 능력을 충분히 발휘할 수 있어서 기분 좋은 만족감으로 일을 마무리한다. 퇴근 후에는 동료들과의 저녁 식사나 술자리는 간단히 끝내려고 노력하고, 최대한 저녁시간에는 휴식을 취한다. 친구, 연인 또는 가족과 오붓한 시간을 보내거나 영화를 보고, 취미 활동을 하면서 여유롭게 저녁을 만끽한다. 아니면 집에서 책을 읽거나 느긋한 저녁을 보내면서 피로를 풀고 잠자리에 들 준비를 한다.

이런 하루를 보낸다는 상상만으로도 기분이 날아갈 것 같지 않은가? 매일 이렇게 하루를 보낸다면 내가 바라던 성공도 곧 손에 잡힐 것 같다. 아니 성공만이 아니라 삶 전체가 행복해질 것 같다. 그렇다면 이 사람과 나는 무엇이 다를까?

위의 직장인의 하루에서 가장 중요한 핵심 키는 바로 휴식이다. 하루 종일 시간에 쫓기며 바쁘게 움직이고 에너지가 바닥날 때까지 하루를 보내는 것이 아니라, 충분한 수면과 낮잠을 취하고, 제대로 된 휴식을 취하면서 휴식과 집중을 반복한다는 점이다. 퇴근 후 개인 시간이 길고 짧고의 문제가 아니다. 업무량이 많고 야근을 한다고 해도 그 시간 동안 어떻게 집중해서 효율적으로 시간을 활용하는지가 중요하고, 휴식을 통해 얼마나 빨리 에너지와 능력을 회복해서 가진 자원을 최대한 활용하는지가 핵심인 것이다.

또한, 직장 내에서 얻는 피로와 스트레스를 어떻게 관리하느냐는 직장 생활의 승패를 나누는 중요한 요소이다. 반복적인 일상과 과도한 업무, 잦은 야근과 회식으로 에너지가 고갈되지 않으려면, 매일 충분한 잠을 자고 휴식을 취해 다시 건강하게 일상에 복귀할 수 있어야 한다. 그것이 직장인의 가장 좋은 자기 관리 방법이자 성공적인 직장 생활을 위한 전략이다.

낮잠으로
시간 관리 잘하기

24시간을 분초를 쪼개 가며 바쁘게 사는 것은 산업화시대에나 필요했던 시간 관리법이다. 지금은 시간을 쓸데없는 일에 분산하지 않고 중요한 일에 집중해서 쓸 수 있는 능력이 중요해졌다. 페이스북 CEO 마크 주커버그는 매일 똑같은 회색 티셔츠와 청바지, 운동화를 신는 특이한 습관을 가지고 있는데, 이것은 옷을 고르는 일과 같은 사소한 선택을 없애서 가장 중요한 일에만 집중하기 위함이다. 이러한 그의 습관은 선택과 집중의 대표적인 예이기도 하지만, 다른 한편으로는 시간 관리 전략이기도 하다. 파레토의 '2080법칙'은 시간 관리에도 적용된다. 얼마나 효율적으로 시간을 분배하고 활용하느냐의 차이가 곧 역량 차이가 되는 시대이다. 갈수록 해야 할 것과 요구되는 것이 많아지는 사회에 살고 있는 우리들이, 더 많은 것을 더 잘하기 위해서는 이러한 효율성에 중점을 둔 시간 관리 능력이 매우 중요하다. 그리고 탁월한 시간 관리 능력을 갖게 되는 것은 단지 시간을 잘 쓴다는 것만이 아니라 시간적 압박에서 자유로워져 주체적이고 행복한 삶을 이끌게 된다는 의미가 있다.

시간 관리, 즉 효율성 관리의 핵심은 집중과 휴식이다. 한정된 시간 안에서 얼마나 집중적으로 일을 좀 더 빠르고 정확하게 처리하는지, 어떻게 에너지와 체력을 회복하고 가장 높은 컨디션을 유지할 수 있는지가 관건이다. 성공한 사람들은 시간의 효율성을 중시하고 무엇보다 자신이 가장 효율적으로 일할 수 있는 시간과 자신에 맞는 시간 관리법을 아는 사람들이다. 실제로 세계 정상급 경영자들의 일과를 분석해 보면 미친 듯이 일정을 빽빽이 채우고 소화하는 사람은 거의 없다. 오히려 '너무 널널한데?'라는 생각이 들 정도로 스케줄이 여유롭다. 더 많은 시간을 내서 일을 많이 하려는 것이 아니라 어떻게 하면 집중력을 높이고 효율적일 수 있을지에 집중하는 것이다.

이러한 효율성을 높이는 가장 쉽고 확실한 방법은 낮잠을 자는 것이다. 낮잠은 뇌의 피로를 회복시키는 가장 효과적이고 직접적인 방법이다. 낮잠을 자고 나면 뇌의 파워와 집중력이 높아져 일의 효율성이 높아질 뿐만 아니라 일의 속도가 빨라져 시간의 효율성도 높아진다. 실제로 낮잠을 자면 일 처리 속도가 2배 빨라진다는 연구 결과도 있다. 낮잠으로 휴식을 잘 취하고 나면 오히려 시간이 절약되고 그만큼 더 여유 시간이 생기는 것이다. 낮잠을 자는 것이 오히려 시간을 효율적으로 쓸 수 있는 가장 좋은 방법인 셈이다.

이러한 낮잠의 이점을 적극 활용하면 또한 시간을 많이 활용할 수 있게 된다. 낮잠은 시간의 효율성을 높여 주기도 하지만 그 덕분에 더 많은 시간이 생겨 더 많은 일들을 처리할 수 있게 해주는 것이다. 해야 할 것들이 많아 시간을 최대한 활용하고 싶다면 낮잠을 잠으로써 더 많은 시간을 생산적으로 쓸 수 있다. 실제로 미국 전 대통령이었던 린든 B. 존슨은 효율적으로 시간을 활용하기 위해서 낮잠을 기준으로 하루를 둘로 나눠 관리했다. 그는 가난과의 전쟁, 시민권 보호, 공공 증진과 세금 감세 등 야심찬 정책을 실현하기 위해 열성을 다한 대통령으로 알려져 있다. 그의 첫 번째 일과는 아침 6시 30분에서 7시 사이에 일어나 신문을 읽고, 오후 2시까지 백악관에서 일을 하는 것이었다. 그리고 점심 식사 후 수영이나 산책으로 운동을 한후 낮잠용 잠옷으로 갈아입고 다시 침실로 들어가 30분간 낮잠을 잤다. 그리고 다시 새 옷으로 갈아입고 새벽 1시까지 두 번째 하루 일과를 마무리했다. 낮잠은 에너지와 능력을 회복하고 집중력과 생산성을 높여 목표로 했던 많은 일들을 할 수 있게 해주는 그만의 시간 관리법이었다.

낮잠을 제대로 된 방법으로 습관을 들여 매일 자다 보면 낮잠으로 얼마나 많은 시간이 생기는지, 얼마나 집중적이고 효율적으로 일할 수 있게 되는지 직접 경험하게 된다. 낮잠으로 시간적 여유가 생기는 것은 물론 일을 마치고 나서 느끼는 정서적인 만족감과 여유까지 덤으로 얻을 수 있다. 할 일이 너무 많아 쉴 시간도 없다고 하지만, 사실은 시간을 내서 잘 쉬어줌으로써 오히려 더 많은 활동시간과 여유가 생기는 것이다.

낮잠으로
업무 능력 높이기

아마존의 CEO 제프 베조스는 "잠을 줄이면 생산적인 시간이 더 많이 생긴다고 생각하지만, 사실 그것은 그저 환상에 지나지 않을지도 모른다"라고 말했다. 대부분의 사람이 잠을 줄이면 더 많은 것들을 할 수 있는 시간을 벌었다고 생각하지만 실제로 그렇게 만든 시간이 정말 생산적일 수 있을까? 생산성이 가장 높아지는 때는 자신의 신체적, 정신적 컨디션이 가장 좋을 때다. 그리고 최고의 컨디션을 유지하는 데에는 잠이 최고다.

생산성을 떨어트리는 요인은 크게 두 가지이다. 첫 번째는 하루 동안 시간이 지나면서 자연스럽게 하락하는 컨디션이고, 두 번째는 수면 부족으로 인한 뇌의 기능 손상이다.

누구나 오후가 되면 뇌의 활동성과 신체 기능이 현저히 떨어진다.

오전부터 밤늦게까지 항상 동일한 에너지와 신체 기능을 유지하는 건 불가능하다. 마치 차에 기름 넣고 달리다가 기름이 떨어지면 차가 더 이상 달리지 못하는 것과 똑같다. 무사히 목적지까지 안전하게 도착하려면 다시 연료를 넣어야 하는데, 우리에게는 그 연료가 바로 낮잠이다. 낮잠은 서서히 떨어지는 활동력과 에너지를 다시 충전하고 다시 활기차게 활동할 수 있는 힘을 준다.

우리 몸을 완벽하게 다시 충전해 주는 방법은 낮잠이 유일하다. 커피, 산책, 요가, 운동, 명상 등의 휴식 방법으로는 한계가 있다. 오직 잠을 통해서 몸의 호르몬, 신경, 세포, 근육, 기관 등 모든 중요한 요소들을 회복하고 균형을 맞추면서 신체 기능을 최적화시키기 때문이다. 아무리 바빠도 어쨌든 눈을 감고 단 20분이라도 자야 하는 것이다.

그런데 신기하게도 인간의 몸은 신체의 원활한 기능과 활동을 위해서 밤의 수면은 최소 7시간 이상을 요구하면서, 똑같은 뇌의 활동량을 요구하는 낮잠은 겨우 20분에서 1시간만으로도 가능하게 만든다. 《Take a nap! change your life》의 저자이자 캘리포니아대학교 리버사이드캠퍼스의 정신과 부교수인 사라 메드닉Sara Mednick에 따르면 잘 계획된 낮잠을 자면, 낮잠으로도 밤에 자는 밤잠의 이점을 똑같이 누릴 수 있다고 한다. 인간의 뇌와 몸은 오후에 짧은 낮잠만으로도 저녁 늦게까지 생산성을 유지하면서 활동할 수 있게 해준다.

생산성을 깎아 먹는 또 다른 문제는 바로 피로다. 우리는 대부분 매일 수면이 부족해서 쌓이는 수면 빚을 갖고 있고 그로 인한 스트레스와 만성피로를 겪는 사람도 많다. 기본적으로 뇌의 정상적인 활동을 위해서는 성인의 경우 평균적으로 8시간의 수면을 취해야 한다고 많은 뇌 과학자와 수면 연구자가 조언하고 있고, 7시간 미만의 수면을 단 며칠 동안만 유지해도 수면 빚이 생기고 이로 인해 뇌의 정상적인 기능이 어려워진다고 한다. 그런데 바쁜 도시인들 중에 하루 8시간의 수면을 지킬 수 있는 사람이 대체 얼마나 있을까?

더 심각한 문제는 대부분 이러한 수면 빚, 스트레스와 만성 피로를 제대로 해결하지 못한 채로 계속해서 같은 문제를 반복할 수밖에 없는 환경에 살고 있다는 것이다. 이러한 요소들은 단순히 정서적인 불행과 고통만을 가져오는 것이 아니라 인지 장애를 비롯해 점차적으로 판단 능력에도 손상을 가져와, 생산성을 현저하게 떨어트린다. 수면 부족이 업무 능력에 미치는 영향을 연구한 실험에서 수면 시간이 6시간인 사람을 2주 동안 관찰하면서 업무 능력을 확인한 결과, 이들의 업무 능력이 좀비 수준이라고 표현할 만큼 현저히 떨어졌다. 정확하게 말하면 48시간 동안 아예 잠을 자지 못한 사람들의 능력과 동일하다고 한다. 여기서 더 놀라운 사실은 잠을 충분히 자지 못한 사람들은 자신들의 능력이 하락했다는 사실을 아예 인지조차 하지 못한다는 점이다. 또한 다른 연구에 따르면 수면 부족으로 인한 피로 때문에 업무 능력이 하락하면, 아무리 노력해도 겨우 비슷한 수준을 유지하거나 심지어 더 떨어질 뿐, 업무 능력을 개선하는 데 영향을 끼치지 못한다고 한다. 노력의 강도와 상관없이 피로로 인해 떨어진 생산성과 능력은 회복하기 힘들다는 것이다.

수면 부족으로 인한 문제들은 오직 잠을 통해서만 해결될 수 있다. 당장 오늘도 잠잘 시간이 부족하거나 불면증과 같은 수면 장애로 밤에 충분한 숙면을 취하지 못하는 우리에게는 결국 낮잠이 가장 좋은 해결법이다. 그리고 똑같은 시간을 일하면서도 남들보다 업무 성과를 높이고 능력 있는 사람으로 인정받고 싶다면 낮잠을 자자. 겉으로 빈둥빈둥 놀기만 하는 것 같은데도 남들보다 더 일을 잘하는 사람은 남들 일할 때 쉬었기 때문이라는 사실을 기억하자. 그리고 '한 그루의 나무를 베어내기 위해서 계속 쉬지 않고 나무를 찍는 것보다 한 번에 잘려 나갈 수 있도록 칼날을 가는 데 시간을 보낸다'는 유명한 말을 휴식을 습관화하는 데에도 적용해 보자. 휴식이 필요한 이유는 몸의 긴장과 피로를 풀기 위함이기도 하지만 동시에 휴식 이후에 더 잘 달리기 위해서이다.

낮잠으로
시험 점수 높이기

잘 노는 사람이 공부도 잘한다. 물론 엉덩이 힘이 공부 힘이라고 얘기하는 사람도 있지만, 단 1시간이라도 집중해서 공부하는 것이 9~10시간 내내 들여다보는 것보다 훨씬 더 효과적이다. 오래 앉아 있을수록 집중력은 낮아지고 체력도 떨어질 뿐만 아니라 답답한 실내 공기 때문에 뇌의 산소량을 줄어든다. 안 그래도 지친 뇌를 더 지쳐 버리게 만드는 것이다. 그러면 뇌의 기능이 더 떨어질 수밖에 없다. 오랜 시간 공부한다고 성적이 좋아지는 것이 아니라 중간중간 휴식을 취해 주어야 뇌가 똑똑해질 수 있다. 공부가 안될수록 밖에 나가서 운동을 하든지, 가벼운 산책이라도 해서 몸을 움직여 주는 게 좋다. 하지만 그것보다도 훨씬 더 효과적인 방법은 그저 낮잠을 자는 것이다.

낮잠이 단순히 뇌를 쉬게 하는 기능만 하는 것은 아니다. 낮잠을 자는 동안 우리 뇌에서는 어떤 일이 일어날까? 낮잠을 자면 뇌는 아주 중요한 일을 시작하는데, 바로 뇌에 입력된 정보를 해마에 있는 장기 기억 보관소로 옮기는 작업이다.

최근 연구들은 낮잠을 자는 동안 좌뇌에 비해 우뇌가 훨씬 더 활발한 활동을 한다는 사실을 밝혀냈다. 좌뇌는 자는 동안 거의 움직임이 없고 조용한 데 반해 우뇌는 잠자는 동안 지속적이고 활발한 활동을 한다는 것이다. 인구의 95퍼센트가 오른손잡이, 즉 좌뇌가 발달했고, 주된 활동을 하기 때문에 낮잠을 잠으로써 좌뇌가 활동을 쉬고 우뇌가 활발하게 움직여 뇌의 균형을 맞출 수 있는 것이다. 담당 연구자인 안드레이 메드베데프Andrei Medvedev는 자는 동안 뇌의 다양한 부분이 어떻게 활동하는지 관찰했는데, 우리가 잠자는 동안 우뇌가 '집안일'에 해당하는 업무를 처리한다는 것이다. 즉, 낮잠을 자면 뇌가 하루 동안 처리하고 받아들인 정보를 장기 기억 저장소로 보내 완전히 자신의 것으로 습득하게 할 뿐만 아니라 다시 새로운 정보를 받아들이는 공간을 만든다. 낮잠을 자면 이러한 뇌의 활동으로 학습 능력이 향상되는 것이다.

그런데 쉬지 않고 계속해서 새로운 정보를 들여보내면 뇌의 단기 기억 저장소에 용량이 가득 차는데, 그럼 뇌는 더 이상 정보를 받아들이지 못한다. 이는 마치 메일 박스가 가득 차면 새로운 메일을 받지 못하는 것과 같다. 쉬지 않고 하루 종일 공부를 한다고 해도 시간만 낭비할 뿐이지 뇌에서는 새로운 정보들을 튕겨낼 뿐이다. 그런데 낮잠을 자면 단기 기억 저장소에 있던 정보들이 장기 기억 저장소로 옮겨지면서 저장소가 리셋되어 다시 새로운 정보를 받아들일 수 있다. 낮잠이 뇌를 마치 새로운 정보를 흡수하기 좋은 스펀지처럼 만드는 것이다. 즉, 낮잠을 자야 더 많이 습득하고 더 정확하게 이해할 수 있는 것이다.

능력, 생산성, 안전, 건강 등 다양한 분야에 낮잠이 끼치는 영향과 효과에 관련된 수많은 연구가 이뤄지고 있는데 그중에서도 낮잠이 가장 큰 영향을 끼친다고 알려진 것이 바로 기억력 향상 부분이다. 그래서 시험을 준비하는 학생이나 새로운 정보를 학습하고 배우는 사람이라면 반드시 낮잠을 자야 하는 것이다. 낮잠 자는 1시간을 아까워하는 것보다 받아들이지도 못하는 정보를 꾸역꾸역 밀어 넣느라 낭비하는 시간이 훨씬 더 아깝지 않을까?

낮잠으로
결정장애 극복하기

혹시 당신도 결정장애? 우리는 일상생활 중에 수없이 크고 작은 결정을 내린다. 점심 식사 메뉴를 결정하는 사소한 선택부터 인생의 방향이 바뀌는 일생일대의 커다란 결정까지 수많은 선택지를 앞에 놓고 기회비용을 이리저리 따져 가며 고민한다. 그리고 막상 결정을 해도 쉽사리 아쉬운 마음을 떨쳐 버리지 못하고 내린 결정이 최선이었는지, 올바른 결정이었는지 다시 고민에 빠진다. 혹시 자신이 무언가를 결정하는 데 이런 모습을 보인다면, 낮잠을 자보는 것을 추천한다. 아무리 생각해도 자신의 선택에 확신이 생기지 않는다면 낮잠을 자고 난 후의 결정에 맡겨보는 것은 어떨까?

우리가 잠을 자는 동안 얻는 중요한 능력은 사고가 명확해지는 판단력이다. 'sleep on it 자고 난 후에 생각한다 '이라는 표현도 있을 정도로 잠은 판단력에 중요한 영향을 끼친다. 실제로 최고의 경영자와 리더는 중요한 선택을 할 때 잠을 자고 일어난 후에 결정한다고 한다. 대표적인 예가 탐스Toms의 창업가, 블레이크 마이코스키Blake Mycoskie이다. 그는 사업 경영을 할 때 올바른 판단력이 필요한 순간에 반드시 잠을 잔 뒤에 다시 생각하고 결정을 내린다고 한다. 세계 유명 인사들과 성공한 기업가들이 수면을 중요하게 여기고 철저하게 수면 관리를 하는 이유는 충분한 수면으로 자신의 능력과 체력을 최고의 상태로 유지하기 위함이기도 하지만, 판단력과 결정 능력에 잠이 큰 영향을 미친다는 것을 알기 때문이다.

이것이 가능한 이유는 낮잠을 자면서 일어나는 수면 효과 때문이다. 낮잠을 자는 동안 일상생활을 하면서 받아들인 수많은 정보가 뇌의 분류 작업을 통해 단순한 정보의 나열뿐만 아니라 정보의 해석과 응용이 가능하도록 하기 때문이다. 이 단계를 거치며 새로운 정보와 과거의 정보가 유기적으로 결합하면서 뇌가 스스로 가장 좋은 결과를 도출해 낸다. 또한 낮잠은 피로를 회복시켜 최선의 결정을 내리도록 도와준다. 피로가 누적되면 생각이 명확하지 않고 판단력이 흐려질 수밖에 없다. 누구나 신체와 두뇌의 기능이 최고의 컨디션일 때 가장 좋은 결정을 내릴 수 있기 때문이다.

나는 전날 잠을 충분히 못 잤다거나 제대로 된 휴식을 취하지 못한 상태에서 내리는 결정은 스스로 신뢰하지 않는다. 왜냐하면 그 당시에는 옳은 결정이라고 생각했던 모든 것들이 시간이 지난 후에는 최선이 아니었다는 것을 반복된 경험으로 알게 되었기 때문이다. 내가 내린 결정이 옳았거나 문제를 해결하기 위한 번뜩이는 아이디어가 떠올랐던 때는, 항상 충분한 수면을 취한 뒤거나 낮잠을 자고 난 뒤였다. 그래서 나는 중요한 결정이나 판단을 내려야 할 일이 있을 때는 반드시 충분한 수면을 취한다. 또는 결정을 잠시 미뤄 두었다가 낮잠을 잔 이후에 다시 생각하고 결정한다.

낮잠을 자고 나면 문제가 명확하게 보인다. 이것저것 따지면서 어떤 게 가장 좋은 결정인지를 이성적으로 판단하는 것이 아니라, 저절로 문제의 본질과 핵심으로 한 번에 들어가는 느낌이다. 그리고 무엇보다 판단의 속도가 매우 빠르다. 이리저리 흐트러졌던 생각이 낮잠을 자고 나면 하나로 모아져서 정확하고 빠른 판단을 내리게 된다. 그리고 또 하나, 낮잠으로 얻는 좋은 점은 결정을 내린 후에 '아, 저렇게 했어야 했나? 다른 선택을 했어야 했나?' 하는 후회나 미련 같은, 쓸데없는 고민도 사라진다는 것이다. 나는 스스로 결정장애라고 생각했을 정도로 결정하는 데 어려움을 겪었고 결정을 내린 후에도 확신이 들지 않았던 경험이 많다. 그런데 낮잠을 자면서부터 어떤 일을 결정하는 데 어려움이 없어졌다. 개인적으로 낮잠을 자면서 얻게 된 가장 긍정적인 변화가 바로 이점이다. 낮잠으로 고민하는 시간이 짧아지고 생각도 훨씬 맑아져, 선택하는 일도 쉬워졌다. 그리고 무엇보다도 결정한 후에도 기회비용에 미련을 두면서 반추하던 습관이 완전히 사라진 것이다.

내가 하는 일은 단지 낮잠을 자고 나서 다시 그 문제를 들여다보는 것뿐이다. 잠이 부족할 때는 아무리 다양한 변수를 생각하면서 가장 좋은 결정을 내리려고 애써도 낮잠으로 얻게 되는 뇌의 탁월한 능력을 따라갈 수 없다. 문제 해결에 필요한 다양한 정보를 머릿속에 넣고 낮잠을 자면 뇌는 정교하게 설계된 수면 단계를 거치면서 가장 좋은 해결 방안을 내놓는다. '회사를 옮길까?', '진로를 바꿔 볼까?', '사업을 시작해 볼까?'와 같은 인생의 큰 결정을 앞에 두고 있다면 머릿속으로 고민만 하지 말고 낮잠을 자고 일어나서 다시 생각해 보자. 이성보다는 직감과 무의식이 내린 결정이 나를 훨씬 더 좋은 길로 안내할지도 모른다.

낮잠으로
능력 있는 리더 되기

하버드 의과대학 연구에 따르면, 기업의 임원을 조사한 결과 96퍼센트가 Burnout(탈진)을 경험하고, 그중 1/3은 자신의 몸 상태가 최악이라고 평가하고 있다고 한다. 높은 위치에 있다고 모두 건강하고 성공적인 하루를 보낸다고 볼 수는 없는 것이다. 오히려 끊임없는 압박과 부담, 책임감으로 정신적인 스트레스는 훨씬 높고, 업무량이나 업무 강도도 상당하다. 이러한 리더들의 누적된 피로와 수면 부족은 기업의 실패로 이어질 수 있는 아주 치명적인 위험 요소이다. 그리고 기업의 실패는 단순히 경제적 손해를 의미하는 것이 아니라 기업에 속한 수많은 구성원의 삶까지도 흔들 수 있기 때문에 경영자와 리더의 휴식 관리 능력은 권장사항이 아닌 필수사항이다.

기본적으로 리더가 갖추어야 할 필수 요소는 강한 체력과 정신력이다. 강한 체력이 뒷받침되어야 강한 열정과 추진력이 생기기 때문이다. 게다가 체력이 떨어지면 아무리 좋은 아이디어가 있어도 실행할 수 없다. 그래서 리더들은 아무리 바빠도 항상 운동하는 습관을 갖고 있다.

그리고 리더들이 체력 못지않게 중요하게 관리하는 것은 휴식이다. 아무리 뛰어난 능력을 가졌다 해도 충분한 수면과 휴식을 취하지 못했다면 자신의 능력을 100퍼센트 발휘할 수 없기 때문이다. 그들은 높은 업무 강도와 바쁜 스케줄을 소화해야 하고, 탈진으로 집중력과 에너지가 떨어지지 않도록 적절한 휴식을 취해서 최고의 컨디션을 유지하도록 주의를 기울인다. 그래서 바쁜 일정 속에서 따로 휴식 시간을 내기 어려운 경영자들과 리더들에게 낮잠은 손쉽고 빠르게 휴식을 취할 수 있는 최고의 휴식 관리 방법인 것이다. 단 5분의 낮잠으로도 피로와 스트레스가 해소되고 신체 능력이 향상된다고 한다.

또한 낮잠은 높은 위치에 있는 경영자들이 '올바른 결정'을 할 수 있도록 정확한 판단력과 문제 해결 능력을 높인다. 아마존 CEO 제프 베조스는 "기업인에게는 중요하고 핵심적인 작은 것들을 맑은 정신에서 잘 결정하는 것이 더 많은 것들을 결정하는 것보다 훨씬 중요하다."라고 했다. 피로가 쌓여 잘못된 의사결정을 내리는 것을 경고하고, 충분한 휴식으로 피로를 회복한 후 결정을 내리는 것이 훨씬 더 중요하다는 것을 강조한다. 그리고 사실 낮잠으로 높아진 통찰력과 직감에 의한 판단이 이성적인 판단보다 더 옳을 수 있다. 실제로 많은 경영자들은 이성보다는 직감에 따라 내린 결정을 더 신뢰한다고 한다. 무모하다고 여겨질 수도 있지만, 이성보다는 직감이 우리를 더 좋은 방향으로 안내하는 경우가 더 많다. 최고의 선택을 내릴 수 있는 방법은 뇌가 낮잠으로 충분히 휴식을 취하고, 낮잠을 잘 때 일어나는 수면 활동으로 알아서 문제 해결 방법을 찾도록 해주는 것이다. 그리고 낮잠으로 향상된 창의성에 힘입어, 생각하지 못했던 훨씬 더 좋은 해결 방안이 떠오를 수도 있다.

"You can't be prepared if you're half-sleep."

"충분한 수면을 취하지 않는다면 온전히 준비될 수 없다."

수면의 중요성을 강조하고 직원들에게 7시간 이상의 수면 시간을 장려하는 정책으로 직원들의 수면 관리를 하고 있는 미국의 건강 보험 회사 애트나Aetna의 CEO, 마크 베르톨리니Mark Bertolini의 이 말은, 리더들에게 수면과 휴식이 얼마나 중요한지를 말해 준다. 리더십은 단순히 뛰어난 스펙과 능력의 차이에서 오는 게 아니라 그 자원을 최대한 활용할 수 있는 최상의 컨디션을 유지하는 데서 출발한다.

낮잠으로
창의력 높이기

창의력은 교육과 기업 현장에서 핵심 키워드로 떠올랐다. 색다르고 혁신적인 아이디어를 생각해 내는 것뿐만 아니라 더 나아가 입체적이고 다양한 시각을 통해 창의적으로 문제를 해결하는 능력을 갖춘 사람이 필요해진 것이다. 4차 산업으로 들어서면서 창의력은 더욱 중요해질 것이다. 그럼 어떻게 해야 창의력을 높일 수 있을까?

보통 '귀가 좋은 사람'이 언어에 소질이 있다고 한다. 귀가 좋다는 말은 단순히 소리를 잘 듣는 것이 아니라 소리의 다름을 구분해 내고 남들은 캐치하지 못하는 작은 차이에도 민감하게 반응하는 것인데, 절대음감을 예로 들 수 있다. 악기를 다루는 사람은 특히 귀가 좋은 사람이 많고, 귀가 좋을 수록 더 예민하게 소리에 반응한다. 이렇게 귀가 좋은 사람은 언어를 배울 때도 억양이나 말의 표현을 빠르게 흡수한다. 소리 전달이 중요한 언어의 특성 때문에 귀가 좋은 사람이 상대적으로 언어 구사 능력이 좋은 것이다.

한편 창의력이 높은 사람은 '눈이 좋은 사람'이다. 여기서 눈이 좋다는 말은 시야가 좋다는 뜻이 아니라 사물을 관찰하는 능력이 좋다는 뜻이다. 무슨 말인가 하면, 같은 상황을 봐도 눈이 좋은 사람은 다른 사람들이 보지 못하고 스쳐 지나가는 것들을 본다. 똑같은 상황에서도 대상을 주의 깊게 볼 수 있는 눈은 창의력의 기본 밑바탕이 되는 탁월한 능력이다.

여기에 한 예가 있다. 구글에 다니던 어느 남자는 매일 출근길에 작은 자전거 대여점을 지나쳤다. 자전거 대여점은 날씨가 좋으면 장사가 잘 되지만 비가 오는 날에는 파리만 날린다는, 어찌 보면 당연한 일을 그는 유심히 관찰한 것이다. 다른 사람은 그냥 대수롭지 않게 여기고 지나치는 일이었지만 그는 이 상황을 유의 깊게 바라보고 문제를 찾아냈다. 날씨에 영향을 받는 사업이 자전거 대여점뿐 아니라 농부, 극장, 스키 리조트 등 수백만 가지라는 통찰로 이어져, 자연재해로부터 사업을 보호해 주는 보험 회사를 설립했다. 바로 클라이밋 코퍼레이션Climate Corporation 창립자 데이빗 프리드버그David Friedberg의 이야기다. 물론 그는 이 사업 아이디어로 대성공을 거뒀다. 사실 창의적인 아이디어로 성공한 많은 사람은 일상생활에서 대부분의 사람이 대수롭지 않게 지나치는 것들을 남들과는 다르게 바라보고, 그 속의 문제점과 해결방안을 찾는다. 완전히 새로운 것을 만드는 것이 아니라 지나치기 쉬운 것들에서 다른 점을 찾는 것에 사람들은 감탄하게 된다. 창의력을 높이고 싶다면 이러한 '좋은 눈'을 갖는 것이 최고의 방법이다.

창의적인 아이디어가 갑자기 생겨난다거나, 천재들에게만 허락된 것이라는 생각은 큰 오산이다. 창의력은 남들과 다르게 보는 관찰력과 관심, 그리고 "왜?"라는 질문을 계속 던지며 스스로 답을 알아가면서 개발되는 능력이다. 깊게 파고드는 사고 습관을 들이는 것이 창의력을 높이는 방법이다.

이와 더불어 창의성을 높일 수 있는 가장 쉽고 간편한 방법은 바로 낮잠을 자는 것이다. 물론 낮잠을 잔다고 갑자기 없던 창의력이 솟아나거나 독특하고 기발한 아이디어가 떠오르는 건 아니다. 하지만 낮잠은 무의식에 잠재된 생각과 통찰을 끌어내 창의적인 생각을 할 수 있도록 만들어 준다. 낮잠을 자면 무의식의 기억과 정보가 조합되면서 보다 넓은 시야로 문제를 보게 되고, 창의적인 해결 방법과 새로운 아이디어를 생각해 낸다.

뉴욕 시립 대학교의 뇌 과학자들은 낮잠으로 어떻게 창의력이 높아지는지 실험했다. 낮잠을 잘 때 뇌에서 매우 섬세한 부분의 기억력 유형이 향상되는 것을 확인했는데, 이 영역은 우리가 더 큰 그림을 생각하게 하고, 더 창의적으로 사고할 수 있도록 하는 능력을 담당한다. 낮잠을 자면 창의성을 담당하는 기능이 높아진다는 것을 과학적으로 밝혀낸 것이다. 이 연구에서 피실험자는 90분의 낮잠을 잤지만,

많은 연구자는 15~20분의 짧은 낮잠도 창의력에 긍정적인 영향을 끼친다고 한다.

하버드 대학 수면 연구박사인 로버트 스틱골드Robert Stickgold의 연구에 따르면 잠을 잔 후에 창의성이 40퍼센트나 더 증가한다고 한다. 단어 암기, 미로 탈출 또는 일련의 규칙을 발견하는 테스트를 통해, 잠을 잔 후에 인지 능력과 통찰력이 계속 깨어 있었을 때보다 월등히 높다는 사실을 발견했다. 특히 꿈을 동반한 낮잠의 경우 문제를 해결하는 통찰력이 더 높아진다고 한다.

물론 평소에 생각하는 습관으로 창의력을 꾸준히 기른 사람이라면 낮잠을 통해 더욱 좋은 효과를 얻을 것이다. 아르키메데스가 목욕 중에 유레카를 외쳤다는 일화의 핵심은 두 가지로 볼 수 있다. 첫 번째는 몸과 마음의 긴장을 풀어 주는 목욕의 효과 때문에 그의 생각이 확장되어 창의적인 아이디어를 떠올렸다는 것이고, 두 번째는 그가 기본적으로 아주 오랜 시간 동안 문제를 해결하기 위해 연구에 몰두했다는 사실이다. 낮잠으로도 이와 비슷한 효과를 경험할 수 있다. 우리는 낮잠을 통해 수많은 정보와 생각이 재조합되면서 창의력이 높아짐은 물론 이성이 닿지 못하는 무의식 영역에 잠재된 통찰력이 발현되는 것을 경험할 수 있다.

창의력이 높아지면 개인의 삶도 풍요로워진다. 다르게 보고, 깊게 사고하는 습관으로 창의력을 높이는 '좋은 눈'을 가지려고 노력하고, 낮잠을 자면서 창의력을 담당하는 뇌를 활성화시키고 나의 무의식

속의 창의력과 영감을 함께 발휘할 수 있다면 보다 풍요로운 인생을 살 수 있을 것이다.

낮잠으로
슈퍼맨, 슈퍼우먼 되기

치열한 경쟁 사회에서 살아남기 위해서는 더 높은 능력, 더 좋은 직장, 더 높은 연봉 등 좋아야 할 것들이 너무 많다. 자기 계발도 멈출 수 없고, 각종 공모전, 해외 경험, 어학 실력 등 갖춰야 할 것들이 너무나 많다. 어렸을 때부터 공부해 온 영어는 여전히 외국인 앞에서 긴장하고 버벅대는 수준을 벗어나지 못하지만, 40, 50대가 되어도 회사에 남아 있으려면 계속 영어 스피킹 테스트를 준비해야 한다. 일만 해도 이렇게 치열한데 이놈의 사회는 갈수록 나에게 더 많은 것을 요구한다. 능력도 좋아야 하지만 자기 관리도 철저해야 한다. 외모도 스펙인 시대에 살고 있는 우리는 몸매 관리도 소홀히 할 수 없다. 살이라도 찌면 자기 관리를 못하는 사람으로 치부되니, 비록 한 달에 한 번 갈까 말까 하지만 일단 헬스 클럽 정액권이라도 끊어 놔야 마음이 편하다. 요새 유행한다는 카페나 레스토랑에 들러서 사진도 찍어서 SNS에 올려야 하고, 인기 있는 영화나 책도 봐야 사람들이랑 얘기가 통한다. 잘하는 운동이나 근사한 취미 생활도 한두 개쯤 가져야 한다. 거기다 인간관계, 가족 관계도 잘 유지하는 '좋은' 사람이 되어야 한다. 우리 모두가 말 그대로 슈퍼맨, 슈퍼우먼이 되기를 강요당하고 있다. 이러니 쉴 시간이 없다. 할 일이 너무 많고 불안해서 인간의 생존 필수 조건인 수면 시간마저도 제대로 지키지 못한다. 그냥 아무것도 안 하고 쉬고 있으면 경쟁에서 밀리는 것만 같고 도태될까 봐 불안해서 시간이 생겨도 제대로 쉴 수가 없다. 성인의 적정 권장 수면 시간인 7~8시간의 잠을 자는 것도 '너무 많이 자는 것 아닌가?' 하고 불안할 지경인데 가만히 아무것도 안하고 쉬는 것은 더욱 죄책감이 든다. 잘 사는 것이 이렇게 어렵고 힘든 일이라니. 남들도 다 그렇게 살아가려니 하고 나도 힘겹게 하루하루를 버티지만 왜 이렇게까지 모두가 제대로 쉬지도 못하면서 자신을 채찍질하는지, 사실 잘 모르겠다.

이런 현대의 슈퍼맨과 슈퍼우먼에게 가장 필요한 것은 낮잠이다. 하루 24시간이 부족한 이들이 더 많은 시간을 갖기 위해서, 더 많은 일을 하기 위해서, 더 높은 경쟁력을 갖기 위해서 낮잠 습관이 필요한 것이다. 밤에 잘 시간도 부족한데 어떻게 한창 바쁘게 일해야 할 한낮에 잠을 잘 수 있냐고 생각하겠지만, 낮잠을 자면 더 이상 시간에 쫓기지 않아도 되고, 오히려 시간적 여유가 더 생기고 더 능력이 높아진다.

안타깝게도 사람들은 항상 시간에 쫓기고 수면 시간을 줄여 그 시간에 더 많은 것들을 하려고 하지만, 사실은 완전히 반대이다. 더 많은 것을 하고 싶다면 더 잘 자고 더 많이 쉬어 주어야 하는 것이다. 그래야 자신이 원하는 모든 것을 할 수 있게 된다. 더 많은 시간이 있었으면 좋겠다고? 그럼 당장 오늘부터 낮잠 습관을 들이자. 낮잠으로 일 처리 시간이 얼마나 단축되는지, 얼마나 더 많은 에너지가 생기는지, 얼마나 일의 집중력과 정확성이 높아지는지, 얼마나 시간적, 심리적 여유가 생기는지 관찰해 보라. 그리고 그 혜택을 마음껏 누려 보길 바란다. 시간은 누구에게나 공평하게 주어지는 것이다. 그 한정된 시간은 낮잠을 자면 더 늘어나게 된다. 더 많은 것을 하기 위해 하루 24시간 발을 동동거리며 사는 현대의 슈퍼맨과 슈퍼우먼에게 더 많은 시간과 능력을 선물하고, 성공적으로 하루를 보내게 해주는 것은 낮잠을 자는 습관에 달려 있다.

게다가 낮잠을 자면 창의력이 좋아지고, 문제 해결 능력과 판단력도 높아지니 복잡한 사회의 문제를 해결해 줄 기발한 아이디어로 세상을 구할 진짜 슈퍼맨, 슈퍼우먼이 될 수도 있다.

낮잠으로
심플해지기

언제부턴가 미니멀리즘이 유행하고 있다. 적게 소유하고 적게 소비하는 소비 측면의 미니멀리즘에서 최소한의 가구로 여유를 가지자는 공간의 미니멀리즘까지. 접근 방법과 목적은 다양하지만 이것이 뜻하는 바는 결국 쓸데없는 것, 필요없는 것은 버리고 단순해지자는 의미이다. 이러한 미니멀리즘 추구 현상은 현대인들의 복잡한 삶의 피로를 반영한 심리이다. 물론 환경 문제와 윤리적인 소비 때문에 미니멀리즘을 지향하기도 하지만, 기본적으로 심플한 삶을 추구하는 것이 행복한 삶을 위한 방법이라고 생각하기 때문이다.

인생이 행복하려면 특별한 것 없다. 너무 많은 것을 무리해서 하지 않고, 너무 많은 생각을 하지 않고, 단순하게 보고 단순하게 행동하면 된다. 정말 필요한 것만 선택, 집중하고 나머지 것들은 신경 쓰지 않으면 얼마나 내 삶의 무게가 가벼워지고, 하루가 만족스러워지는지 느끼게 된다. 쓸데없는 생각과 감정을 버리면 그 감정이 차지하고 있던 자리에 행복감과 감사함이 들어찬다. 정신없이 살아가는 우리에게 불필요한 일과 감정을 덜어내고 인생을 단순하게 하는 것은 절대로 쉬운 일이 아니다. 어떤 것이 중요하고 중요하지 않은지 구분하는 것조차 어려울 정도로 삶은 복잡하고 바쁘게 흘러간다.

하지만 낮잠 습관을 가지면 삶의 우선순위를 정하고 중요한 것에 집중할 수 있다. 나에게 가장 중요한 일과 가치 있는 일이 어떤 것인지 알기 위해서는 맑고 명확한 생각이 필요하다. 피로가 쌓여 생각이 복잡하게 얽혀 있는 상태로는 문제를 정확하게 볼 수 없다. 계속 몰아치는 일들을 처리하기 바쁘고, 어떤 것이 우선순위가 되어야 하는지조차 구분하기 힘들다. 하루 중 잠시 시간을 내서 낮잠을 자는 것은 나의 인생의 중요한 것이 무엇인지 생각할 수 있는 여유를 준다. 잠시라도 오롯이 자신만의 시간을 갖고 한 템포 쉬어 가는 그 자체만으로도 삶을 바라보는 시야가 달라진다. 또한, 낮잠으로 피로가 해소되어 생각이 명확해지면, 인생의 중요한 가치를 볼 수 있게 된다. 하루만이라도 낮잠을 제대로 자고 나면 생각이 맑아지는 것을 느낄 수 있다. 그러니 이것이 습관이 되면 내 인생 전체의 그림이 훨씬 뚜렷해질 것이다.

그리고 낮잠은 생각을 단순화하는 데도 매우 효과적이다. 중간에 제대로 쉬어 주지 않으면 일상에서 겪는 수많은 일, 사람과의 관계에서 생기는 다양한 감정은 정리되지 않은 상태로 얽혀 버린다. 감정이 해소되지 않은 상태로 다른 감정이 계속해서 쌓이다 보면 과부하가 걸리고 생각이 많아져 밤에 잠을 이루지 못하는 상태가 되고 만다. 낮잠은 이러한 감정과 생각을 정리해 주는 쓰레기통 역할을 한다. 낮잠을 자본 사람은 자신을 괴롭히던 생각이 낮잠을 잔 이후에 가라앉거나 그 생각 자체가 잊히는 경험을 해본 적이 있을 것이다. 낮잠은 쓸데없는 걱정이나 부정적인 감정들은 없애 주고, 한결 여유롭고 느긋해진 마음으로 그 자리에 긍정적인 생각이 자리 잡게 해준다. 낮잠을 자는 날들이 늘어날수록 삶은 더 단순해지고, 그만큼 행복해진다.

낮잠으로
일과 삶의 균형 work-life balance 맞추기

'일과 삶의 균형 work-life balance.' 바쁜 일상을 살아가는 우리에게 가장 필요한 덕목이다. 일과 삶의 균형은 무엇을 말하는 것일까? 하루 종일 일에 치이는 우리는 어떻게 하면 일과 삶의 균형을 맞출 수 있을까?

저녁 9시, 10시 퇴근에, 일주일에 2~3번쯤 야근과 회식으로 치이는 사람들이라면 '일과 삶의 균형'은 저 멀리 안드로메다로 날아간다. 업무를 마치고 집에 돌아오면 개인 시간은 겨우 2~3시간쯤. 운동도 하고, 친구도 만나고, TV도 보고, 영화도 보고, 취미 활동도 하기에는 너무 짧은 시간이다. 그래서 우리는 밤에 자는 시간이라도 줄이려고 하는 것이다. 하루 일과가 완벽한 불균형을 이루고 있다. 일이 90퍼센트이고 개인 시간이 10퍼센트다. 직장인이 회사 생활에 회의를 느끼고 지쳐가는 건 어쩌면 당연한 일일지도 모른다.

그렇다면 일을 줄이는 것이 답일까? 매일 정시에 퇴근하면 일과 삶의 균형을 맞추는 게 가능해질까? 실제로 일과 삶의 균형을 지키기 위해 대부분은 일하는 시간을 줄여야 한다는 쪽으로 접근한다. 하지만 안타깝게도 이건 현실적이지도 않을뿐더러, 반드시 일을 줄여야만 균형을 얻을 수 있는 것도 아니다. 회사에서 보내는 시간이 하루 중 90퍼센트나 차지한다고 해도, 일할 땐 집중해서 하고, 쉴 땐 효과적으로 쉬어 준다면 일과 삶의 분리도 가능할 것이다. 그리고 하루 종일 회사에서 시간을 보냈어도 일 자체에서 만족감을 느낄 수 있다. 일과 삶의 균형이라는 것도 결국엔 삶의 만족도에 달린 문제이기 때문이다. 일을 적게 한다고 더 행복해지진 않는다. 종일 일만 했어도 기분 좋은 충족감, 보람과 설렘을 느낄 수 있는 반면에, 하루 종일 쉬기만 했어도 딱히 행복을 못 느낄 수도 있다. 결국 일하는 시간이 중요한 것이 아니라 일과 나를 어떻게 분리하느냐의 문제이다. 이것을 가능하게 해주는 것이 바로 휴식이다. 잘 쉬어 주어야 일도 잘 할 수 있고, 나의 삶도 지킬 수 있다.

일과 삶의 균형은 최적의 휴식 방법인 낮잠을 통해 쉬워진다. 결국엔 잘 쉬어 주는 것이 삶의 만족을 높이는 열쇠이기 때문이다. 낮잠으로 집중력을 높이면 일에 몰두하기가 쉬워지고, 이 경험은 당신에게 쾌감을 선사해 일의 만족도를 높인다. 또한 낮잠으로 취한 휴식으로 개인적인 생활도 활력 있고 즐겁게 보낼 수 있게 되는 것이다. 일과 삶의 불분명한 경계가 사람을 더 지치고 힘들게 한다. 낮잠과 같은 휴식으로 일이면 일, 개인 삶이면 개인 삶을 분명하게 분리할 수 있어야 삶의 균형과 행복이 찾아온다.

낮잠으로
좋은 인간관계 맺기

네트워크 능력이 리더에게도 매우 중요한 자질이라는 요즘, 각종 SNS를 통해서 다양한 분야의 사람을 사귀고, 좋은 관계를 유지하는 인맥 관리 능력이 매우 중요해졌다. 직장인에게는 동료와 상사와의 원활한 관계가 인사평가에도 영향을 미칠 만큼 인간관계 능력도 실력인 시대이다. 단지 인맥을 넓히고 좋은 평가를 받기 위해서만이 아니라 삶의 풍요로움과 안정을 위해서도 좋은 인간관계를 유지하는 것은 매우 중요하다. '행복의 90퍼센트는 인간관계가 결정한다'는 말도 있듯이, 아무리 일적인 면에서 성공하고 돈을 많이 벌어도 다른 사람과의 관계가 나쁘거나 교류가 적다면 온전히 행복하기 어렵다. 물론 사람과의 만남에서 소소한 다툼도 있고 오해가 생기기도 하지만 주위 사람과 좋은 관계를 맺을 수 있는 능력이 결국 행복을 완성한다.

항상 밝은 미소와 긍정적인 에너지를 가진 사람 옆에는 사람이 몰리기 마련이다. 함께 있으면 기분이 좋고 희망적이고 의욕이 넘치는 사람은 누구나 함께 어울리고 싶어 한다. 반면에 만났다 하면 남들 험담하기 바쁘고, 자신의 처지를 불평하는 사람, 부정적인 기운을 내뿜는 사람 옆에는 다가가고 싶지 않다. 다들 삶에 지쳐 불만과 짜증이 한가득인데, 행복하고 건강한 사람 곁에 있고 싶은 건 당연한 일이다. 밝고 긍정적인 삶의 태도는 자신의 주위로 더 많은 사람을 불러 모을 것이고, 좋은 기운을 가진 사람들과 좋은 인간관계를 유지할 수 있게 하고, 그러한 관계 속에서 더 좋은 기회를 발견하게 될 것이다.

제대로 휴식을 취하지 못해 자율 신경계가 망가진 사람은 긴장으로 얼굴 근육이 경직되고 자세도 굳고 미소가 사라진다. 교감 신경이 계속 활성화되어서 팽팽하게 긴장이 유지되는 것인데 그러다 보면 극도로 예민해지고 신경이 날카로워진다. 짜증이 잦아지고 불평불만이 심해진다. 사소한 일에도 신경이 곤두서, 사람들과 자주 문제를 일으키게 된다.

반면 낮잠은 사람을 편안하게 한다. 신체의 건강과 심리적인 안정을 주어 얼굴 표정도 편안해진다. 낮잠을 통해 부교감 신경이 높아져 신체적, 정서적 긴장이 완화된다. 호흡도 안정되고 과열되었던 몸의 세포와 기관이 휴식을 취한다. 감정적으로 힘든 일도 낮잠을 자고 나면 거의 가라앉고, 낮잠으로 긴장이 풀리니 마음도 편안해지고 느긋해진다. 당연히 얼굴에 미소가 생기고, 다른 사람들과의 소통 문제도 해결된다.

이 사실은 낮잠 카페를 방문하는 손님들을 보면서 분명히 확인할 수 있었다. 피곤에 절어 낮잠 카페에 들어오는 사람들은, 이미 표정에서 다 드러난다. 계속된 긴장으로 어깨가 잔뜩 움츠려 있고, 얼굴 미간도 찡그러져 있고, 짜증이 묻어나 있다. 잠을 못 자서 눈이 빨갛게 충혈돼 있는 사람도 많다. 그런데 낮잠 카페에서 1시간 혹은 1시간 30분 정도 자고 나면 얼굴 표정이 완전히 달라진다. 미간이 펴지고 얼굴 표정이 확 살아난다. 어두웠던 분위기가 밝아지고 심지어 미소까지 짓는다. 말투도 상냥해지고 기분이 좋아 보인다. 걸음걸이도 넓어지고 굽었던 어깨도 펴진다. 들어올 땐 짜증스러운 표정이었는데 나갈 땐 웃으면서 잘 쉬었다고 감사하다는 인사도 빼먹지 않는다. 단한 번의 낮잠으로도 이렇게 사람이 변한다. 낮잠을 자고 나서 긍정적이고 여유롭게 변한 사람 옆에는 당연히 사람이 모일 것이다. 그리고 낮잠을 잔 사람도 한결 느긋하고 편안한 마음으로 주위 사람을 대할 테니 당연히 사람들과의 관계가 좋아질 수밖에.

내가 불행하고 불만이 가득하면 다른 사람을 돌아볼 여유가 생기지 않는다. 좋은 인간관계도 결국 나의 건강과 행복에서 출발한다. '다른 사람에게 친절할 때는 내가 기분이 좋을 때이다'는 표현도 있듯이, 우선 나 자신이 행복해지는 것이 먼저다. 그래야 행복을 나눌 수 있고 행복한 에너지로 행복한 사람을 주위에서 끌어당길 수 있으니까.

낮잠으로
한 템포 느긋해지기

분노 조절 장애 문제뿐 아니라 나에게 직접적인 피해가 가지 않는 사소한 일에도 시비를 걸게 되고 사사건건 신경이 거슬리는 이유는 내가 성격이 나빠서가 아니라 사실은 충분한 휴식을 취하지 못해 몸이 극도로 예민한 상태이기 때문일 가능성이 높다. 자신이 요새 자꾸 이렇게 예민하다는 생각이 든다면 지금 당장 쉬어야 한다. 되도록이면 자주, 그리고 길게. 심리적으로 여유로워질 수 있도록 낮잠을 자면서 적절한 휴식을 통해 몸의 긴장을 풀어 주어야 한다.

특히 낮잠을 자면 상황을 긍정적으로 받아들이게 된다. 분명 스트레스를 유발하는 상황일지라도 낮잠을 잔 이후에는 스트레스를 극복하는 능력이 높아진다. 낮잠을 자고 나면 실망과 좌절에 덜 반응하게 된다고 한다. 나도 낮잠 습관을 갖고부터는 화가 나는 상황에 반응하는 내 감정 상태부터가 달라졌다. 열 받을 수 있는 상황인데도 그것 때문에 짜증이나 화가 올라오지 않고 그냥 덤덤하게 받아들이게 되었다. 심지어 오히려 그 일이 더 좋은 결과를 가져올 것이라는 긍정적인 생각을 할 수 있게 되었다. 쉽게 당황하고 패닉 상태에 빠지던 나였기 때문에 낮잠 습관으로 경험하게 된 이러한 변화는 스스로도 너무 놀랍기만 하다.

한 번은 2시간 동안 열심히 집중해서 쓴 글이 갑자기 노트북이 다운되면서 파일이 열리지 않았다. 예전 같았으면 뭐가 문제인지 파악하기도 전에 짜증이 나고 작업 중에 파일을 저장해두지 않았던 나를 비난하고 자책했을 것이다. 그런 상황이 발생하는 것 자체도 화가 날 뿐 아니라 대비를 하지 못한 스스로를 탓하게 된다. 그리고 그런 감정은 오히려 해결 방법을 찾는 데 방해가 된다. 분노 등의 부정적인 생각에만 사로잡혀 다른 생각을 하지 못하는 것이다. 그런데 낮잠 습관을 들이고부터는 같은 상황을 대처하는 내 모습이 완전히 달라졌다. 첫 반응은 '어? 안 열리네? 뭐 이따 열리겠지.'였다. 갑작스런 상황에서도 당황하거나 불안해하지 않고 침착하고 낙관적인 반응을 보인 것이다. 그리고 계속 문제가 반복되는데도 좌절과 상심의 감정이 올라오기보다는(살짝 짜증이 올라오긴 했지만 이내 그런 감정은 잠잠해졌다) 뭔가 해결 방법이 있을 것이라는 생각이 먼저 들었고 차분히 대안들을 떠올렸다. 그리고 혹시라도 오전 내내 작업했던 글이 날아가는 최악의 상황이라고 해도 오히려 다시 쓰면서 더 좋은 글을 쓸 수 있지 않을까

하는 대책 없는 낙관적인 생각까지 들었다. 아니 사실은 그런 생각을 하기도 전부터 이미 나는 글을 다시 쓰고 있었다. 감정에 휩쓸려 짜증을 내기보다 해결을 위한 행동을 취하고 있었던 것이다. 예전의 나 같았으면 상상도 못했을 일이다. 열 받아서 그냥 멍하니 있거나 그냥 일을 던져 버리고 낙담해 있었을 것이 분명하다. 그리고 이러한 변화는 그저 개인의 특별한 경험담이 아니라 실제로 연구 결과를 통해 밝혀져 있다. 연구를 진행한 수면 연구자 골드슈미드Goldschmied는 수면이 감정과 거리를 두게 만든다고 한다. 낮잠을 자고 나면 'tolerance to frustration 좌절에 인내하는 능력'이 높아진다는 것이다. 감정적으로 받아들이지 않게 되고 객관적으로 바라볼 수 있게 만들어주는 것이다. 낮잠을 자면 부정적인 대응 대신 긍정적이고 낙관적인 생각을 더 할 수 있게 된다.

낮잠으로
지금 하고 있는 일 즐기기

좋아하는 일을 하면 일 자체를 즐기게 되고, 일의 능률도 오르는 것은 당연한 사실이다. 하지만 단순히 좋아하는 일을 하기 때문에 일이 즐거운 것만은 아니다. 어떠한 일을 하든 그 일에 집중했을 때의 몰입으로 경험하는 쾌락이 일의 만족도를 높이고 일을 즐길 수 있게 만드는 열쇠이다.

사람은 정신없이 빠져들어서 시간 가는 줄 모를 정도로 어떠한 것에 집중했을 때 엄청난 쾌락을 느낀다. 그리고 이럴 때는 쓸데없는 걱정이나 잡생각이 끼어들지 않는다. 일에서의 만족감을 높이려면 지금 하고 있는 일이 적성에 맞지 않아서라고 핑계 대기보다는 현재 자신이 하는 일에 몰입하는 습관을 들이면 된다. 좋아하는 일을 찾으면 집중하는 게 더 쉽겠지만, 솔직히 뭘 하고 싶은지 뭘 좋아하는지 100퍼센트 확신하는 사람이 얼마나 될까? 그리고 좋아하는 일이라도 직업이 되면 결국 일이 되어 버린다. 정말 좋아하는 일은 취미로만 하란 얘기도 있지 않은가. 결국 어떤 일이든 내가 진정으로 즐길 수 있는 방법은, 그 일을 집중해서 하는 것밖에 없다. 게임이나 운동은 의도하지 않아도 저절로 몰입하게 된다. 노는 게 즐겁고 게임이 재밌는 이유는 집중을 더 잘할 수 있기 때문이다. 반면, 어떤 일이 재미가 없는 이유는 도저히 집중할 수 없어서이다. 일을 하고는 있지만 시간만 대충 때울 뿐, 정신이 흩어져있다. 그리고 자꾸 하기 싫다고 미루면 그 일은 점점 더 싫어진다. 결국 이 일은 내 적성에 안 맞는다고 결론을 내리고, 진짜로 내가 즐길 수 있는 일이 무엇인지 찾는 방황이 또다시 시작된다. 하지만 대부분 좋아하는 일이 삶의 밥벌이 수단이 되는 순간, 흥미는 떨어지고 그 일 자체가 고통으로 다가온다. 결국 일은 일이다. 그래서 우리는 좋아하는 일을 해야 만족도가 높아질 거라는 생각을 버리고, 집중해서 일을 함으로써 얻는 몰입 그 자체의 만족감을 경험해야 한다.

　나도 하기 싫어 미루는 일들이 있다. 그러면 일단 미뤄둔다. 하기 싫을 땐 어떤 일을 해도 시간만 허비할 뿐이지 일이 제대로 되지 않기 때문이다. 그리고 1시간의 낮잠을 잔다. 처리해야 할 일에 더 많은 집중이 필요하고, 중요한 일이라면, 더 길게 1시간 30분에서 2시간의 낮잠을 잔다. 이렇게 낮잠을 자고 난 뒤에 미뤄 두었던 일을 다시 잡으면, '하기 싫다'는 감정 따위는 없어지고 그냥 무작정 앞만 보고 달리게 된다. 사실 '싫다, 좋다'와 같은 감정도 생기지 않는다. 뇌의 파워가 너무 높아져 있어서 내가 어떤 감정을 느끼기도 전에 내 앞에 놓여 있는 문제를 막힘없이 해치우는 느낌이다. 내 의지로 하는 것이 아니라 뇌가 알아서 일을 처리하는 느낌이다. 이 점이 그렇게 신기할 수가 없다. 낮잠을 자고 난 후에 컨디션이 좋아진다는 것을 느끼긴 하지만, 그렇게 하기 싫던 일이 술술 해결되는 걸 보면 '잠'이라는 활동이 인간에게 얼마나 위대한 것인지 새삼 깨닫게 된다.

이렇게 낮잠의 덕을 톡톡히 보고 나면 일은 어느새 마무리되고, 당연히 일의 만족도 또한 매우 높아진다. 하기 싫은 일까지 해냈을 때의 성취감은 느껴 봐야 안다. 자존감과 자신감도 높아지고 일도 정말 즐기게 된다. 쾌락과 만족을 경험하면서 일 자체가 재밌어질 수 있다. 일의 성과가 좋아지는 건 당연한 일이고, 그 과정을 즐기게 된다. 이렇게 낮잠을 즐기는 것은 일을 즐기는 방법이기도 한 셈이다.

재미없는 일에서 재미를 찾으려고 애쓸 필요가 없다. 일이 재미있어야만 즐길 수 있다면 차라리 다른 일을 찾는 것이 낫다. 하지만 만약 지금 하고 있는 일이 영 적성에 안 맞아 힘들다는 생각이 든다면, 성급히 직업을 바꾸기 전에 매일 낮잠을 자고, 낮잠을 잔 후에 일을 다시 시작해보자. 그동안 내가 몰랐던 재미가 엉뚱한 데서 발견될 수도 있다.

낮잠으로
스트레스 없애기

스트레스는 현대인을 항상 쫓아다니는 골칫덩어리다. 정도의 차이가 있을 뿐, 누구나 스트레스를 안고 살아간다. 어느 정도의 스트레스는 일상의 자극도 되고 긴장을 유지하게 해주어 삶을 더 건강하고 활력 있게 해준다. 하지만 문제는 스트레스가 만병의 근원이라고 여기게 됐을 만큼 현대인의 대부분은 과도한 스트레스로 고통스러워한다는 것이다. 이유를 알 수 없는 통증, 몸의 이상 증상도 스트레스가 원인일 경우가 많다. 스트레스 때문에 밤에 잠도 자지 못하고, 정신적인 불안을 겪기도 하며 신체적인 고통을 호소하기도 한다. 운동과 명상, 요가, 호흡법 등 각종 스트레스 관리법이 동원되고, 어떻게 하면 스트레스 없이 살 수 있을지 고민한다.

대부분의 사람은 스트레스 원인을 회사 업무나 대인관계 등 외부에서 찾는다. 나는 가만히 있는데 주위에서 나를 힘들게 한다고 생각하는 것이다. 또한 스트레스는 정신적인 문제라고 생각하기 때문에 명상과 요가와 같은 마음 수련으로 이겨내 보려고 한다. 하지만 스트레스를 받는 이유도, 스트레스를 극복하는 힘도 근본적으로는 신체에 있다. 환경 탓도 아니고 약한 정신력 탓도 아니다. 스트레스에 취약하다는 것은 그만큼 스트레스를 극복할 체력이 없다는 뜻이다. 그 때문에 정신력으로 스트레스를 극복하려는 시도는 대부분 실패하기 마련이다. 명상이나 요가도 궁극의 경지에 이르러야만 비로소 마음을 다스릴 수 있으려나? 우리같이 평범한 사람에게는 명상하는 것조차 고통일 때가 있다. 가부좌를 틀고 앉으면 온갖 잡생각으로 머리가 복잡해져서 5분조차 견디기 힘들다. 겨우 마음이 안정됐다고 해도 그때뿐이다. 스트레스를 받는 상황이 오면 다시 제자리다.

어떤 상황에서든 우리를 자극하는 스트레스 요소는 항상 존재한다. 스트레스 없는 행복한 하루를 보내는 방법은 그런 환경 변화에 잘 반응하고 대처하는 건강한 몸을 만드는 것이다. 몸이 건강하지 않으면 외부의 작은 자극에도 쉽게 동요된다. 몸이 약할수록 각종 상황에 예민해지고 짜증이 잦아진다. 우리가 감정적으로 반응하는 것도, 정신적으로 스트레스를 느끼는 이유도 몸이 약해지면서 신체 기능에 문제가 생기고, 뇌의 감정 조절 기능도 망가지기 때문이다. 그런데 대부분의 사람은 도시 생활로 인한 망가진 생활 습관으로 건강이 심각하게 악화되었다. 기본적으로 잘 자고, 잘 쉬고, 잘 먹고, 몸을 많이 움직이는 활동을 해야 신체가 건강해져서 외부 위협에도 끄떡없는데, 이런 기본 활동조차 제대로 지키지 못해 체력이 없으니 스트레스를 이겨낼 수 없는 것이다.

인간에게 사육되거나 인간과 함께 살면서 갇혀 지내는 동물에게만 정신적 질환이 발현된다는 사실은 인간들의 활동과 도시 환경이 동물뿐 아니라 인간에게도 해가 된다는 것을 말해준다. 결국 밤에는 충분히 자고 해가 뜨면 일어나 활동을 시작하고, 규칙적이고 균형 잡힌 식사를 하며 몸을 충분히 움직여서 신체를 건강하게 만드는 것이 건강을 지키고 스트레스를 잘 극복할 수 있는 근본적인 방법이다.

나는 스트레스 극복을 마음가짐이나 정신력으로 해결하려고 애쓰지 않는다. 스트레스는 언제 어떻게든 받을 수 있는 것이기에, 스트레스가 아예 없는 환경 자체가 불가능하며 환경이 변하기만을 기대하는 것은 의미가 없다. 어떠한 상황과 환경에서도 스트레스를 받지 않도록, 잘 이겨낼 수 있도록 나의 몸을 더 건강하게 만드는 데 집중한다.

그리고 이와 더불어 스트레스를 효과적으로 관리하는 방법은 낮잠을 자는 것이다. 나는 잠을, 특히 낮잠을 하루 활동 중에서 가장 우선순위로 여기고 관리한다. 그러다 보니 수면의 질이 조금만 떨어지거나 낮잠을 못 자면 바로 몸의 기능이 떨어지는 것을 느낀다. 집중력도 흐트러지고 외부 반응에 쉽게 흔들린다. 이제 웬만해서는 스트레스를 받지 않지만(내가 예전에는 우울증 치료를 받을 정도로 극도로 예민하고 스트레스에 취약했던 사람이었다는 사실이 믿기지 않을 정도로 엄청난 변화이다. 흔히 사람은 안 변한다고 하는데, 변한다. 낮잠으로!), 조금이라도 예민하게 느껴지는 날은 100퍼센트 전날 수면 시간이 부족했거나 잠을 잘 못 잔 경우이다. 그래서 스트레스를 받는다고 느끼면 단 20분이라도 낮잠을 자서 잠을 보충하려고 한다.

낮잠은 수면 부족으로 손상된 몸의 기능을 회복하고 신체 면역력을 높인다. 낮잠을 자는 것이 스트레스를 이겨 내는 저항력을 높이는 것이다. 그리고 스트레스로 생긴 부정적인 감정을 없애는 데는 잠이 최고다. 낮잠을 자고 나서 화가 가라앉거나 기분이 좋아지는 경험을 한 번씩은 해봤을 것이다. 심지어 무슨 일이 있었는지 안 좋았던 기억이 낮잠으로 사라지기도 한다. 또한, 낮잠은 화가 나면 과열하는 몸의 긴장도 낮춰 준다. 열 받는 일이 생긴다면 일단은 하던 일을 제쳐 두고 눈을 감고 낮잠을 자보자.

그리고 이것은 화를 즉각적으로 없앨 수 있는 좋은 팁인데, 열 받는 상황이나 상대를 만났을 때 치밀어 오르는 화를 바로 없애 준다. 방법은 간단하다. 바로 그 탓을 수면 부족으로 돌리는 것이다. 혹시라도 스트레스 때문에 미치겠다거나 어떤 사람 때문에 화가 스멀스멀 올라온다면, 분노를 유발하는 그 일이나 사람을 생각하지 말고 곧바로 이렇게 생각하는 것이다.

"아, 내가 며칠간 잠을 잘 못자서 이렇게 화가 나는구나……."

'이게 뭔 소리야?'라고 할 수 있지만 진짜로 효과가 있다. 내가 잠을 못 잤기 때문에 화가 나는 감정이 생긴다고 생각하는 것(그리고 이게 사실이다), 그 자체만으로도 짜증과 분노가 사라진다. 화가 나는 원인을 외부에 두면 계속 화가 커진다. 결국 부정적인 감정으로 피해를 입게 되는 건 나 자신이다. 그렇다고 그 문제를 모두 내 탓으로 돌릴 필요도 없다. 분노 조절 장애가 있다거나 혹은 성격에 문제가 있어서가 아니라, 단지 잠을 잘 못 잤기 때문이다. 설령 화가 날 수밖에 없는 상황이라 하더라도, 평소에 잠을 잘 잔 사람은 그런 스트레스 유발 상황에서도 쉽게 울컥하는 감정이 올라오지 않는다. 뇌의 감정 능력이 좋아지기 때문이다.

혹시라도 스트레스 때문에 화가 나서 미칠 것 같을 때, 상황을 곱씹는 대신 '내가 잠이 부족하구나!'라고 생각한다. 이것은 나 자신에게도 동정과 위로가 되고, 다른 사람에게 향하는 분노나 미움도 사라지게 한다. 그리고 이 방법은 스트레스 자체가 아닌, 잠을 더 자야겠다는 생각으로 초점이 맞춰지기 때문에 화를 다스릴 수 있게 된다.

낮잠으로
피로 탈출하기

대부분의 사람은 자신이 탈진 상태인지 모르는 경우가 많다. 스트레스와 피로가 쌓이다 보면 몸이 감당할 수 없는 수준에 이르는 탈진과 만성피로에 시달리게 된다. 만성피로인 사람은 어깨가 뭉치거나 소화 불량 혹은 두통이나 목통증과 같은 신체 증상을 느끼기도 하지만, 어떤 사람은 식욕 부진, 집중력 부족, 신경 쇠약 등의 정신적 문제를 동반하기도 한다. 이렇게 피로가 계속해서 쌓이면 우리 몸이 대처할 수 있는 수준을 넘어가, 우리 건강과 삶 전체를 심각하게 위협한다.

탈진의 대표적인 증상

우울증

정서적인 불안 또는 신경 쇠약

절망감과 무기력함

오후의 피로감

수면 장애

작은 외부 자극에도 민감하게 반응함

스트레스 저항력이 떨어짐

호르몬 불균형

동기 부여 결여

일과 삶에 대한 흥미 상실

《Tired of Being Tired》의 공동 저자인 제시 린 한리Jesse Lynn Hanley에 따르면, 탈진까지 이르는 5단계가 있다고 한다.

첫 번째 단계는 불도저 단계로, 쉬지 않고 계속해서 일하는 단계이다. 성과를 위해 미친 듯이 달려가는데, 이런 식으로 지치지 않고 계속해서 일할 수 있을 것만 같은 착각을 하지만 안타깝게도 현실은 그렇지 않다.

두 번째 단계는 쌓여 가는 피로와 싸우기 위해서 설탕과 카페인을 들이붓거나 수면 장애가 생기기 시작해 약국에서 수면제를 구입하는 등의 조치를 취하는 단계이다. 불쾌하게 살이 찐다는 느낌이 들기 시작한다.

세 번째 단계는 피로하다는 것을 확연히 알 수 있는 단계로, 눈에 띄게 뚱뚱해지고 괴팍해진다. 밤에 잠을 자고 싶지만 깨는 일이 많고, 생각이 많아지면서 만성 수면 장애와 수면 부족을 겪는다. 다른 사람에게 사사건건 시비를 걸거나 화를 자주 내기도 한다.

네 번째 단계는 몸이 구석구석 아프기 시작하고 몸무게가 확연하게 늘거나 줄어드는 증상을 보인다. 짜증을 많이 내고 정신없이 우는 등의 신경 쇠약을 겪고, 현관문 비밀번호나 전화번호 등을 기억해내는데 애를 먹는 기억력 감퇴를 경험한다.

다섯 번째 단계는 탈진으로, 이 정도까지 진행되었다면 심장병이나 자가 면역 질환 등의 심각한 신체 질병이나 운전사고 등의 문제를 일으켰을 것이다. 정상적인 생활을 유지하기 위해서 약에 의존하게 되고, 주위 사람 아무도 당신을 좋아하지 않고 피한다. 이 단계까지 진행된 사람들을 두고, '만약 이 단계에서 죽지 않는다면 더 이상 다른 방법이 없다'라고 표현할 정도이다.

당신의 피로는 몇 번째 단계인가? 나는 마지막 단계인 탈진까지 가봤기 때문에 탈진으로 신체적, 정신적으로 어떤 치명적인 결과를 얻게 되는지 너무나도 잘 안다. 탈진과 우울증, 그리고 불면증은 불행히도 모두 같이 온다. 신체적 문제도 동반되고 심리적으로도 무기력할 뿐만 아니라 감정 통제도 불가능해진다. 팽팽한 긴장감 속에 작은 자극에도 예민하게 반응하게 된다.

나 또한 탈진을 경험할 때 아무것도 아닌 일에도 쉽게 짜증과 화를 냈다. 신체적, 정신적 체력이 현저히 떨어져 어떤 스트레스도 감당하지 못했다. 정말이지 내가 생각해도 아슬아슬한 날들이었다. 게다가 몸에도 이상한 증상이 나타났다. 매일 밤 옷을 갈아입어야 할 정도로 자는 동안 식은땀을 흘렸고, 갑자기 심장이 미친 듯이 뛴다거나 가슴을 쥐어 잡을 정도로 극심한 통증을 느낀 적도 많다. '혹시 암이 아닌가?'하는 생각이 들 정도였다. 당연히 잠도 제대로 자지 못했다. 아무리 노력해도 잠이 오지 않을 뿐더러 자더라도 밤새 대여섯 번씩 깨곤했다. 이렇게 몸과 마음이 완전히 탈진한 사람들에게 운동을 시작하고 규칙적인 식사를 챙겨 먹으면서 건강을 회복한다는 것은 거의 불가능한 일이다. 그럴 의지와 체력이 남아 있지 않은 상태이기 때문이다. 그래서 탈진이나 만성피로에 시달리는 사람에게 가장 우선적으로 필요한 것은 바로 충분한 수면을 취하는 것이다.

과도한 피로로 탈진을 겪는 사람은 그저 침대에 누워 충분한 수면을 취하고, 다시 몸을 회복하도록 만드는 것이 필요하다. 만성 피로를 겪고 있는 사람들에게는 운동도 오히려 해가 된다고 한다. 운동을 할 충분한 에너지도 없을 뿐더러 그나마 갖고 있는 에너지도 급격하게 소모될 수 있기 때문이다. 영양소 공급과 규칙적인 운동으로 몸을 건강하게 만드는 것도 중요하지만, 탈진 상태를 서서히 벗어날 수 있는 해결책은 사실 잠을 더 많이 자는 것이다. 하지만 만성 피로와 탈진인 사람은 이미 수면 장애를 겪고 있기 때문에 밤에 충분한 잠을 자는 것 자체가 어려울 수 있다. 이때 낮잠의 역할이 중요하다. 낮잠은 수면 부족으로 모자란 잠을 보충해 주고, 몸의 기능이 정상적으로 회복되도록 도와주기 때문이다.

그리고 실제로 탈진 환자들에게도 낮잠이 처방된다고 한다. 탈진 단계가 높아질수록 처방되는 낮잠 횟수도 늘어나는데, 마지막 단계의 탈진 환자들에게는 하루 세 번의 낮잠을 자게 한다. 현실적으로 밤에 8~9시간의 숙면을 취하는 것이 어려운 현대인들에게 낮잠은 사실상 가장 효과적으로 만성 피로를 회복하는 치료 방법인 것이다.

낮잠 카페를 방문했던 손님 중에서도 한 눈에 보기에도 피로해 보이는 사람들이 많았는데, 특히 기억에 남는 손님이 있다. 평일 오후 2시쯤, 여성 두 분이 낮잠 카페에 방문했는데 유독 한 분의 눈이 새빨갰다. 그렇게까지 눈이 심각하게 충혈된 사람은 난생 처음 봤다. 순간적으로 '질병이 있는 건가?'라고 생각할 정도였다. 그런데 낮잠을 잔 뒤에는 완전히 달라져서 정말 놀랐다. 빨갛게 충혈됐던 눈이 정상으로 돌아왔고, 말 거는 것조차 미안할 정도로 몹시 피곤해 보였는데 낮잠을 자고 나서는 피로가 사라진 얼굴이었다. 단지 1시간의 낮잠을 잤을 뿐인데도 매우 개운해 보였고 미소까지 지을 정도로 여유가 생긴 모습이었다.

만약 요즘 나의 모습이 스스로 생각하기에도 예민하고, 사람들에게 괴팍해지고, 스트레스가 가득하고, 기분 나쁠 만큼 계속 살이 찌고, 밤마다 잠을 자지 못해 아침마다 일어나는 게 괴롭고, 어떤 일에도 흥미를 느끼지 못하고 무력감을 느낀다면, 지금 당장 쉬어야 한다는 뜻이다. 탈진 혹은 탈진 직전의 상태로, 신체적으로나 정신적으로 체력이 고갈돼 비상등이 켜진 것이다. 그런 나를 위해 취해야 할 행동은 피로감을 느낄 때마다, 졸음이 찾아올 때마다 진한 커피를 마시는 대신 눈을 감고 낮잠을 자는 것이다.

물론 지독한 피로는 당장 쓸 수 있는 에너지를 얻기 위해 설탕과 탄수화물이 가득한 음식과 카페인을 찾게 하지만, 그것들은 더 극심한 피로를 유발할 뿐이다. 게다가 우리가 믿고 있는 카페인의 효과는 생각보다 훨씬 실망스럽다. 하버드 대학교의 수면 연구자인 로버트 스틱골드 교수는 낮잠을 자게 한 후와 커피를 마시게 한 후 단어를 기억하는 기억력 테스트를 진행했는데, 커피를 마시고 난 후의 결과는 낮잠을 자고 났을 때의 반 정도밖에 이르지 못했고, 운동 기술 테스트에서는 훨씬 더 낮은 결과가 나타났다. 오후에 피로가 몰려와서 커피를 진하게 한 잔 마시는 것은 사실 피로 회복이나 뇌의 각성에도 도움이 되지도 않을 뿐더러 보고서를 작성할 때 오타를 낼 확률이 더 높아지는 것이다.

또한 잠이 깨지 않을 때, 카페인보다 낮잠이 훨씬 더 각성 작용이 큰 것으로 나타났다. 낮잠은 실질적으로 뇌의 피로와 몸의 회복을 돕고 수면을 보충해 하루 종일 깨어 있을 수 있게 하고, 그 효과는 카페인보다 훨씬 더 오래 지속된다. 그리고 낮잠을 자면 카페인의 영향에서 벗어날 수 있어, 숙면에도 긍정적인 영향을 준다. 피로가 몰려온다면 커피나 에너지 음료를 마실 것이 아니라 단 5분이라도 낮잠을 자는 것이 실제적으로 피로를 회복할 수 있는 가장 좋은 피로 회복제인 것이다.

그리고 무엇보다도 탈진할 때까지 시간을 쪼개 가면서 바쁘게 사는 것이 잘 사는 방법이라는 생각을 버려야한다. 충분한 수면과 휴식은 당신을 더 똑똑하고 더 능력 있고 더 에너지 넘치게 만들어 준다는 사실을 믿고 더 많이, 자주 쉬어 주어야 한다. 그리고 평소에 잠을 조금 더 잘 수 있도록 노력해야 한다.

낮잠으로
밤잠도 잘 자기

살면서 걱정거리로, 스트레스로, 불안감 등으로 한두 번 잠을 잘 못 자는 건 특별한 문제가 아니다. 하지만 우리는 이 정도가 아니라 며칠 동안 계속 밤에 잠을 못 자거나 잠드는 데 시간이 오래 걸리거나 새벽에 자주 깨는 등의 수면 문제를 갖고 있다(이 모든 증상이 모두 불면증에 해당한다). 과거에는 그냥 머리가 베개에 닿으면 잘 수 있을 만큼 잠은 우리의 즐거움이었을 텐데, 어느 순간부터 잠자는 것이 고통이 되어 버렸다. 숙면을 취한다는 건 너무 어려운 일이 되었다. 너무 피곤하고 얼른 잠에 들고 싶지만 스트레스와 쓸데없는 생각으로 아무리 해도 잠이 안 온다. 겨우 잠이 들었어도 새벽에 몇 번이나 깨는지 모르겠다. 차라리 빨리 아침이 오는게 다행이지 싶다. 잠을 못자서 하루 종일 머리가 무겁다. 열도 나고 짜증도 나고 생각도 똑바로 할 수가 없고 피곤하고 금세 지친다. 너무 졸리고 피곤해서 오늘 밤은 제발 푹 잘 잤으면 하는 마음으로 빨리 침대에 눕지만 역시 또 잠이 안 온다. 미쳐버릴 것 같다. 이런 날이 며칠 지속되면 밤이 오는 게 무섭다. 밤에 잠을 못 잘까봐, 그래서 그 다음날 컨디션이 엉망이 되어서 일을 제대로 못하면 어떡하나 하는 생각, 바로 불면증의 가장 큰 원인이 되는 잠에 대한 불안과 공포가 시작된다. 이제 이러면 게임 끝이다. 'Welcome to 수면제 World!' 아무리 잠 잘 오는 방법, 숙면하는 방법, 잠 잘 오게 만드는 음식을 먹어도 잠은 저 멀리 달아난다. 결국엔 수면제에 의존할 수밖에 없는 최악의 상황에 닥치게 된다.

밤에 잠을 못 자는 주된 요인은 무너진 생활 리듬이다. 밤에 숙면을 하기 위해서는 기본적으로 자율 신경계가 안정이 되어야 한다. 즉 교감 신경과 부교감 신경이 반복되면서 긴장과 완화가 자연스럽게 이루어지고 밤에는 휴식을 취하면서 부교감 신경의 활동을 높여 잠을 잘 준비를 하는 것이다. 그런데 대부분은 아침부터 밤에 잠들기 전까지 제대로 된 휴식 없이 계속해서 활동을 하고 야간 활동에 최적화된 도시 생활로 사람들은 오히려 저녁부터 활발한 활동을 시작한다. 이렇게 오랜 시간 깨어있기 위해 하루 종일 섭취한 카페인과 늦은 식사, 야식은 계속해서 교감 신경을 활성화하게 하고, 자기 직전까지 몸을 팽팽한 긴장 상태로 유지한다. 그러니 밤에 아무리 피곤해도 과열된 몸의 긴장이 풀리지 않아 잠이 올 리가 없다. 그뿐만 아니라 밤늦게까지 노출되는 인공조명은 잠을 유도하는 수면 호르몬인 멜라토닌의 생성을 방해해 잠을 잘 수 없게 만든다.

실제로 불면증을 겪고 있는 대학생들을 데리고 국립공원으로 2주간의 캠핑을 떠난 교수가 있다. 도시 생활에서 벗어나 자연적인 리듬에 맞춰 생활하는 것이 얼마나 불면증에 효과적인지를 확인하기 위해서였는데, 다른 처방은 전혀 없이 그저 산속에서 아침에 해가 뜨면 활동하고 저녁에 해가 지면 쉬기만 했을 뿐인데 극심한 불면증에 시달렸던 학생들 모두 2주간의 캠핑으로 완전히 극복했다고 한다. 자연적인 생활 리듬이 숙면에 도움을 준다는 사실을 증명한 것이다. 결국 밤에 아무런 문제없이 잘 잘 수 있으려면 근본적으로 자연적이고 건강한 생활을 할 수 있는 것이 중요하다. 하지만 도시 생활로 어쩔 수 없이 야간 활동을 피할 수 없다면 낮잠으로 밤의 숙면을 도울 수 있다.

낮잠을 자면 오전 내내 높아진 교감 신경을 진정시키고 부교감 신경을 활성화시켜 긴장을 낮춘다. 낮잠이 과도한 긴장 상태를 밤까지 가져가지 않도록 해주는 것이다. 게다가 교감 신경과 부교감 신경의 규칙적인 리듬을 찾도록 도와주기 때문에 몸이 긴장과 이완을 반복하면서 자율 신경계를 안정시켜, 밤에 잠들기 쉬운 상태로 만들어 준다.

그리고 낮잠을 자면 심리적으로 잠을 자기가 수월해진다. 밤에 잠이 안오면, '잠을 못자면 어떡하지?'와 같은 불안감으로 잠을 더 쫓게 되는데, '지금 못 자도 내일 낮잠을 자면 되니까 괜찮다.' 라는 생각만으로도 이러한 심리적 불안감을 낮춰, 잠에 더 쉽게 빠질 수 있도록 도와주기 때문이다.

대부분 쓸데없는 걱정거리로 밤에 잠을 못 이루는 경우도 많은데, 낮잠을 자면 감정과 생각을 정리하는 데도 도움을 준다. 특히 1시간이나 1시간 30분의 낮잠을 자면, 깊은 수면 단계를 거치면서 뇌가 쓸데없는 정보와 감정들을 처리하고 정리하는 수면의 효과를 얻을 수 있다. 하루 중 경험하게 되는 이러한 복잡한 감정을 낮잠이 중간에 미리 정리해주는 역할을 해서 밤에 잠자리에 화나 걱정거리를 갖고 가지 않게 도와준다.

그뿐만 아니라 낮잠을 자기 시작하면 카페인 섭취가 줄어든다. 오후에 커피나 에너지 음료 등의 카페인을 주로 찾게 되는 원인은 떨어지는 체력과 에너지를 높이고 집중할 수 있게 하기 위함인데 (하지만 안타깝게도 많은 연구들에 따르면 우리가 생각하는 카페인의 영향은 극히 미미하거나 오히려 집중력을 떨어트린다고 한다) 낮잠을 자면 몸이 필요로 하는 신체 기능과 에너지가 충분히 회복되기 때문에 따로 카페인의 필요성이 사라지는 것이다. 낮잠으로 오후 시간에 마시는 커피가 줄어들면서 카페인의 영향에서 벗어날 수 있게 되고 덕분에 밤에 잠을 더 잘 잘 수 있게 된다.

하지만 명심해야 할 점은 나쁜 생활 습관으로 망가진 신체 리듬은 낮잠만 잔다고 해서 완전히 정상적인 리듬을 되찾거나 고쳐질 수 있는 것이 아니라는 것이다. 무엇보다 밤에는 휴식을 취하고, 밤의 활동을 최대한 줄이는 생활 습관을 가지려는 노력으로 자연스럽게 잠을 잘 수 있도록 무너진 신체 리듬을 회복하는 것이 중요하다.

낮잠으로
미인, 미남 되기

미인은 잠꾸러기라는 뻔한 말에 한 단어를 더 추가하자면, '미인은 낮잠꾸러기'이다. 밤에 숙면을 취하면 성장 호르몬 생성이 촉진돼, 피부 재생력이 높아진다. 탄력 있고 건강한 피부를 갖고 싶다면 기본적으로 잠을 잘 자야 하는 것이다. 'Sleep Beauty'라는 말이 괜히 있는 게 아니다. 여기서 잠깐, 화장을 하는 것보다 지우는 것이 중요하다고 하는데, 밤에 잠이 올 때 그냥 자는 게 피부에 더 좋을까, 아니면 그래도 일어나서 화장을 지우고 자는 것이 더 좋을까?

수면의 관점에서 보면 화장을 지우지 못했더라도 잠이 쏟아진다면 그냥 누워서 자는 것이 피부 재생에 더 좋을지도 모른다. 화장과 얼굴에 붙어있는 더러운 먼지들을 씻지 않고 자는 것이 찝찝하겠지만, 그렇다고 일어나서 씻는 순간 잠은 달아나 버리기 때문이다. '얼른 씻고 나서 개운하게 푹 자야지' 하는 생각은 희망 사항일 뿐이다.

그 이유는 인간에게는 'Ultradian rhythm90분 주기 리듬'이라는 것이 있는데 이 리듬에 따라 밤에 졸음이 찾아오는 것도 주기가 있다고 한다. 잠이 몰려오고 달아나고 하는 것이 90분 주기로 반복된다는 것이다. 즉, 졸리기 시작했을 때 바로 자지 않는다면 잠이 달아나 깨버리고 마는데 다시 잠이 오려면 90분을 기다려야 하는 것이다. 그러니 졸음이 몰려오는데 잠잘 준비를 한다고 세수를 하거나 이를 닦고 돌아오면 이미 잠은 달아나버린다. 게다가 이 때문에 성장 호르몬이 가장 많이 분비되는 10시에서 2시 사이의 수면 황금 타임을 놓치면, 아무리 깨끗하게 씻고 잔다 한들 피부를 건강하고 탄력 있게 만들어 줄 피부 재생과 세포 회복은 잃게 되는 셈이다.

오히려 너무 피곤해서 안 씻고 그냥 잤는데, 아침에 거울을 보니 피부가 더 좋아 보이는 경험을 여성이라면 한 번쯤은 해봤을 것이다. 푹 잘 자고 나면 수면 활동으로 피부가 좋아지는 것이다. 맑고 건강한 피부를 갖고 싶다면 고가의 화장품이 아니라 자신의 잠에 관심을 가져야 한다.

화장품 회사 에스티로더에서도 '수면의 질이 피부 노화와 기능에 끼치는 영향'이라는 주제로 연구를 진행했다. 30세에서 49세까지, 60명의 여성을 대상으로 연구가 진행되었는데 이들 중 반은 잠을 제대로 못자는 그룹이고 나머지는 잠을 잘 자는 그룹이었다. 자외선 노출 등 다양한 피부 테스트를 통해 이들의 피부를 평가했는데, 숙면한 그룹의 여성들과 그렇지 않은 여성들에게서 확연한 차이가 발견됐다고 한다. 잠을 잘 못자는 그룹의 여성들에게서는 주름과 불균등한 색소 침착이 발생하고 피부 탄력이 감소한 반면, 숙면을 취한 그룹의 여성들은 자외선 노출 등과 같은 피부 스트레스 요소들로부터 회복이 높아졌다고 한다. 잠을 잘 자야 피부가 좋아진다는 것이 과학적으로도 증명된 셈이다.

그리고 혹시 밤에 잠을 잘 못자는 사람이라면 낮잠으로 부족한 잠을 보충해서 젊고 탄력 있는 피부를 가질 수도 있다. 클리브랜드 대학병원 의료 센터에서는 낮잠이 피부 개선에 도움이 된다는 사실을 새로운 연구를 통해 밝혔다. 낮잠은 주름을 개선하고 피부 노화 증상을 감소시킨다고 한다. 또한 환경 스트레스 인자들로부터의 피부 회복률을 높일 뿐 아니라 자외선 등 UV 노출로 인해 손상된 피부를 회복하는 데도 도움을 준다고 한다.

이와 더불어 낮잠을 자면 긴장이 사라지고 마음에 여유가 생겨 얼굴 표정이 안정되고 밝아지는 효과도 얻게 된다. 미소와 여유로운 태도가 사람을 한층 더 아름답고 멋지게 만드는 것이다. 아무리 잘생기고 예쁜 얼굴이어도 수면 부족으로 피로에 찌들어 있고 스트레스로 표정이 밝지 않고, 자세가 바르지 않다면 절대로 아름답거나 잘생겨 보이지 않는다. 빛나는 눈빛과 당당한 태도와 자신감, 얼굴에 번진 미소와 상냥함과 여유로움이 아름답고 멋진 사람을 만든다. 숙면을 통해서 건강한 피부를 얻었다면, 낮잠을 통해서 에너지와 활력, 생동감,

느긋함과 미소를 덤으로 얻을 수 있다. 바로 이것들이 사람을 빛나게 하고 아름답게 하는 중요한 요소가 아닐까?

게다가 낮잠은 노화를 방지한다. 낮잠을 자면 하루 동안 스트레스와 독성 물질들에 의해 손상된 우리의 몸을 회복해 주는 단백질이 생성되는데 이것이 노화를 막아 주는 것이다. 그러니 예뻐지고 멋있어지고 젊어 보이고 싶다면 성형이나 피부 시술을 받을 것이 아니라 당장 오늘부터라도 낮잠을 자는 것이 더 좋은 투자일 것이다.

낮잠으로
다이어트하기

많은 사람들에게 다이어트 계획은 매해 목표에 빠지지 않고 항상 우선순위를 차지한다. 살을 빼려고 온갖 다이어트 방법을 시도해봤을 것이다. 고가의 다이어트 제품을 사먹어 보기도 했고, 먹고 싶은 것을 참아가며 운동하면서 고통스럽게 다이어트를 했을 것이다. 그런데 돈 한 푼 들이지 않고, 힘들게 운동을 하지 않아도 살을 뺄 수 있는 방법이 있다. 바로 낮잠을 자는 것이다.

사실 낮잠이 다이어트에 도움이 되느냐 아니냐에 관련해 의학계에서는 상반된 주장을 펼치고 있다. 한쪽에서는 낮잠이 특정 타입의 당뇨병 위험을 높인다고 주장하고, 다른 한쪽에서는 낮잠이 소화 능력과는 아무런 상관이 없으며 오히려 다이어트에 도움을 준다고 주장한다. 살이 찌는 원인은 낮잠이 아니라 인스턴트와 정크 푸드 섭취 등의 잘못된 식습관과 운동 부족에 있다는 의견이다. 나는 낮잠을 자면 다이어트에 도움이 된다고 믿는데, 그 이유는 다른 것보다 낮잠을 자면서 건강한 생활 습관이 만들어졌기 때문이다.

기본적으로 살이 찌는 원인은 수면 부족에 있다. 수면 부족은 우리 몸속의 중요 호르몬인 렙틴leptin과 그렐린ghrelin에 영향을 주는데 이 호르몬들은 식욕을 관장하는 호르몬으로, 수면이 부족해지면 식욕을 돋우어 더 많이 먹도록 한다. 생존 법칙같은 것이다. 수면이 부족해지면 몸의 기능이 떨어지면서 위험하다고 경고 신호를 보내고, 뇌가 음식으로 필요한 에너지를 보충하라고 명령을 내린다. 특히 에너지를 빨리 끌어 올릴 수 있도록 고열량, 고탄수화물 음식, 즉 정크푸드를 더 찾도록 만든다. 게다가 충분하지 않은 수면은 렙틴 호르몬을 낮춰 우리 몸이 포도당을 분해하는 능력을 제한한다. 즉, 잠을 못자면 더 많이 먹게 되는데 소화 능력은 더 떨어져 살이 찐다는 것이다.

그런데 낮잠은 호르몬의 균형을 맞출 수 있도록 도와준다. 낮잠으로 잠을 보충해 수면 부족으로 인해 발생하는 비정상적인 호르몬의 활동 위험을 낮추는 것이다. 또한 낮잠을 자면 이미 필요로 하는 에너지가 충분히 보충되기 때문에 혈당이 높은 음식이나 간식을 먹을 필요가 없게 된다. 불필요하게 살을 찌게 만드는 나쁜 식습관을 낮잠을 잠으로써 자연스럽게 개선시킬 수 있게 되는 것이다. 결국 우리 몸의 피로가 쌓이지 않도록 에너지를 잘 회복해주는 것이 몸을 날씬하고 건강하게 만드는 지름길이다.

그리고 낮잠으로 높아진 집중력은 낮잠이 다이어트에 도움이 되는 또 다른 이유라고 할 수 있다. 어린 아이들은 놀이를 하거나 게임을 할 때나 자신이 좋아하는 책에 완전히 빠졌을 때처럼 무언가에 미친 듯이 집중하면 식사를 하거나 화장실 가는 것조차 잊는다. 집중과 몰입이 그만큼 사람을 엄청난 쾌락에 빠지게 만드는 것이다. 가지고 있는 온갖 에너지를 다 쏟아 붓고 있는데도 식욕은 별로 생기지 않는다.

그뿐만 아니라 집중을 하면 스스로에 대한 자신감과 만족감도 커진다. 그런데 왜 이게 다이어트에 좋냐고? 살이 찌는 사람들, 식욕이 강하거나 다이어트가 힘든 사람은 심리적인 불안감이나 불만족이 식욕으로 이어지는 경우가 많기 때문이다. 정서적인 불만족을 먹는 것으로 충족하려는 것이다. 집중력으로 얻게 되는 자신감과 충족감은 그 자체로 보상이 되기 때문에 다른 욕구의 필요성을 느끼지 못하게 된다. 그리고 낮잠은 집중력을 높여주는 가장 쉽고 직접적인 방법이다. 집중력을 높이기 위해 다른 방법들을 시도해 봐도 낮잠으로 자연스럽게 집중력을 높여주는 신체 변화를 따라갈 수 없다. ('낮잠으로 업무 능력 높이기' 편 참고)

살 뺀다고 먹고 싶은 거 참아 가며 굶거나 비싼 다이어트 제품을 먹고 병원 치료를 받을 필요가 없다. 푹 자고 규칙적인 식사를 하고 쓸데없는 간식이나 야식을 먹지 않고 20분이라도 규칙적으로 운동하고 적절한 휴식을 취하는 생활 습관에 길들여지면, 저절로 날씬하고 탄력 있는 몸을 갖게 될 것이다. 어차피 이런저런 다이어트 방법으로 실패해 봤지 않은가. 마지막 방법이라 생각하고 일단 한번 낮잠을 자보자. 오후에 습관적으로 먹던 간식부터 당장 끊게 될 것이다.

낮잠으로
아침형 인간 되기

'나는 새벽 1~2시부터 제일 집중이 잘 돼.', '나는 밤이 돼야 에너지가 솟아.', '나는 아침에 일어나는 게 너무 힘들고 싫어.', '나는 원래부터 저녁형 인간이었어.', '아침형으로 바꾸려고 해봤는데 더 피곤하고 리듬만 망가져서 오히려 하루를 망치게 돼서 포기했어.' 등 야행성 인간은 왜 굳이 아침형 인간이 되어야 하는지 모르겠다는 생각을 한다.

아침형 인간이 성공한 삶을 위한 필수 조건은 아니다. 사람마다 자신만이 집중하기 좋은 시간이 다르고, 철저한 자기 관리를 통해 성공하는 올빼미형 인간들도 많다. 일이 끝나고 저녁에 사회생활도 해야하고 취미생활도 해야 하는 우리들에게 오히려 올빼미형 라이프 스타일이 더 적합할지도 모른다. 저녁 9시 이후만 되어도 에너지 레벨이 급격하게 하락하는 아침형 인간들에게는 거의 불가능한 생활 방식이고 볼 수 있다. 그러나 여기서 아침형 인간이길 권하는 이유는 인간이라는 동물은 아침에 활동하는 것이 가장 자연스럽기 때문이다. 해가 뜨면 일어나서 활동을 시작하고 해가 지면 휴식을 취하고 밤에는 잠을 자면서 신체의 기능을 회복해서 다음 날의 활동을 준비하는 것이다.

또한 수면에 있어서도 아침형 인간이 수면의 질이 높은 것도 사실이다. 인간은 밤에 자는 동안 건강에 필요한 각종 호르몬이 분비되고, 면역력을 높인다. 그리고 새벽부터는 몸을 깨우기 위한 신체 반응이 일어나는데, 즉 스트레스 호르몬이라고 알려진 코르티솔 수치가 높아지기 시작하고 체온이 올라간다. 새벽에 잠들어서 아침 늦게 일어나는 올빼미형 인간은 잠을 충분히 잤어도 몸은 깨어나려는 활동을 시작하기 때문에 수면의 질이 떨어질 수밖에 없는 것이다. 물론 저녁형 인간이 항상 아침형 인간보다 피곤하다고 단정 지을 수는 없다. 하지만 아침형 생활이 숙면을 취할 수 있는 건강한 생활 습관인 것은 분명하다.

아침형 인간을 권하는 또 다른 이유는 올빼미형 인간은 불규칙한 수면 습관을 갖게 될 가능성이 높다는 점 때문이다. 그들은 자신의 생활 리듬에 따라 환경을 바꾸거나 그에 맞는 직업을 가지지 못한 경우가 많기 때문에 수면을 충분히 취할 수 없어서 만성 피로에 시달릴 확률이 높은 것이다. 대부분의 경우 이런 야행성 생활 습관을 유지할 수 있는 직업 환경이 주어지지 않는다. 밤늦게까지 TV를 보거나, 친구랑 술 마시면서 놀거나, 새벽에 공부를 하거나 어찌 됐든 아침 9시에는 회사에 출근해야 하는 것이다. 이러니 저녁형 인간은 잠자는 시간이 줄어들 수밖에 없다. 올빼미형 인간들이 건강하고 행복하게 살아가려면 새벽에 잠들어도 아침 늦게까지 충분한 수면을 취할 수 있는 환경이 필요하다. 그렇지 않고서는 건강도 위험해지고 일과 행복까지도 잃을 수 있다.

그리고 올빼미형 인간은 담배를 피우거나 커피나 술을 마시는 비율이 상대적으로 더 높다고 한다. 아무리 밤에 일하는 것에 최적화되었다고 하더라도 생리적으로 밤에는 몸이 자려고 하기 때문에 잠에서 깨기 위해 커피 등의 카페인을 더 마시게 되고, 늦은 저녁시간까지 회식이나 모임에 남을 가능성이 높기 때문에 술을 더 많이 마시게 된다. 그러니 자신의 건강한 삶을 위해서도 아침에 일어나서 활동하고 밤에는 잠을 자는 자연적인 리듬에 맞춰 생활하는 것이 여러모로 좋지 않을까?

밤늦게 집중하기가 좋아서 늦은 밤이나 새벽에 일을 하는 것을 선호하는 사람들은 이른 새벽에도 같은 효과를 가질 수 있으니 차라리 일찍 자고 일찍 일어나서 이른 새벽을 활용해보는 것도 좋다. 이른 새벽부터는 뇌는 활동하기에 가장 적합한 상태이기 때문에 조용히 남들의 방해를 받지 않으면서, 생산적으로 일을 할 수 있을 것이다.

그럼 어떻게 아침형 인간으로 바뀔 수 있을까? 아침형 인간과 저녁형 인간으로 나뉘는 것은 유전적인 영향력도 있겠지만 대부분 생활 습관에 의해서 결정될 가능성이 높다. 저녁에 주로 생산적인 일과 활동을 하다 보니 그렇게 습관화된 것뿐이지 원래부터 밤에 일을 더 잘하는 게 아니라는 것이다. 그저 자신이 좋아하는 생활 환경으로 습관이 만들어진 것이기 때문에 마음만 먹으면 아침형 인간으로 바뀔 수 있다. 많은 의학자도 저녁형 인간도 충분히 아침형 인간으로 바뀔 수 있다고 말한다. 지금껏 유지해 온 수면과 생활 습관이 있기 때문에 한순간에 바뀌기는 불가능하겠지만 조정해 가면 된다. 여러 방법이 있겠지만 서서히 체내 시계를 조절해 가면서 시간을 바꾸는 방법을 추천한다. 바로 낮잠을 자는 것이다.

앞서 설명했듯이 낮잠은 아침에 잠에서 깨어난 그 순간부터 대략 6시간 뒤에 자연스럽게 일어나는 신체 활동이다. 그리고 낮잠을 잔 후 6시간 뒤에는 다시 긴 잠이 시작된다. 오후 12시에서 3시 사이에 낮잠을 자는 습관을 들이면 서서히 저녁에는 다시 긴 잠을 자려고 체내 시계가 맞춰지기 때문에 잠자는 시간이 당겨지면서 아침형 생활에 서서히 적응되어 갈 것이다. 그렇게 점차적으로 잠드는 시간이 당겨지고 아침에 일어나기도 수월해진다.

혹시라도 직업 특성상 어쩔 수 없이 밤과 낮이 바뀐 생활을 해야 한다면 규칙적이고 충분한 수면 시간을 지키는 것이 중요하다. 그리고 만약 자신이 올빼미형 생활로 불규칙한 식습관과 수면 문제들을 갖고 있다면 낮잠을 자면서 아침형 인간으로 바꿔 보기를 추천한다.

하루에 한 번 낮잠을 즐기는 것으로 신체 리듬이 서서히 바뀌어 아침형 생활에 서서히 적응해갈 수 있을 것이다.

A: 새벽에 잠들어서 늦은 아침이나 점심시간쯤에 일어나는 야행성 리듬에 적합한 최적의 낮잠 시간은 오후 4시에서 6시로 추천된다. 이들에게는 늦은 오후가 하루 활동의 중간쯤에 해당되기 때문이다. 대표적인 낮잠러였던 윈스턴 처칠도 '범접할 수 없을 정도'라고 표현될 만큼 극 야행성 인간형이었다. 그런 그도 오후 4시쯤에 낮잠을 자서 저녁 6시 30분에 일어나, 저녁 활동을 시작했다. 반면 발자크처럼 초 새벽형 인간의 경우(그는 저녁 6시에 잠들어서 새벽 1시에 일어났다) 오전 8시에서 10시 사이가 낮잠을 자기에 좋은 시간이다. 이런 경우에는 '낮잠'이라고 부르기 조금 민망하겠지만.

PART 04

회사에서도 낮잠을 잔다

미국의 건강보험 회사인 애트나에서는 아주 특별한 정책으로 관심을 받았다. 바로 직원이 더 많은 잠을 잤을 때 실제적으로 돈을 지급하는 프로그램이다. 하루에 7시간 이상 수면을 취하고, 매일 그 수면 시간을 유지한 직원에게는 하루에 25불씩 계산해서 한 달 최대 500불을 지급한다. 측정은 핏빗Fitbit이라는 스마트 밴드나 수면 관리 앱을 통해서 수면 시간을 체크하고 직원의 수면을 관리한다. 사실 어떻게 확인하느냐는 중요하지 않다. 중요한 사실은 회사가 직원들이 최소한 7시간 이상을 자도록 독려하고, 충분한 수면 시간이 반드시 필요하다는 것을 강조하면서 직원의 건강과 행복을 위해 노력한다는 점이다. 개인의 사생활이라고 할 수 있는 수면 시간까지도 회사가 적극적으로 관리하겠다는 것이다. 애트나는 왜 이렇게까지 해서 직원의 수면을 돕는 것일까?

최근 세계적인 기업들을 중심으로 'sleep friendly culture잠에 친화적인 사내 환경'의 기업 문화가 생겨나고, 직원의 수면 관리에 앞장서는 기업도 많아지고 있다. 수면 부족으로 생긴 피로와 스트레스가 기업의 생산성과 이익에 직접적인 영향을 끼친다는 연구 결과가 속속 보고되면서, 직원의 만성 수면 부족 문제를 단순히 개인의 문제가 아닌, 기업의 성패가 달린 중요한 문제로 인식하고 있기 때문이다. 하지만 기업에서 개인의 수면 관리까지 하는 것은 현실적으로 어려운 일이다. 그래서 회사 내에 낮잠 자는 환경을 제공하면서, 직원의 수면 부족과 피로를 해결하려는 움직임이 생겨나는 것이다. 하버드 비즈니스 리뷰, 맥킨지 등 주요 컨설팅 기관에서도 이런 회사 내 낮잠의 이점과 필요성에 대한 연구 결과를 발표하고 있다. 회사 내에서의 낮잠은 직원들의 건강과 행복을 증진하게 하는 효과적인 복지 제도일 뿐만 아니라 기업에 실제적인 이익을 가져온다는 점 때문에 기업들의 관심이 높아지고 있다.

세계적인 기업의
낮잠 활용 사례

이미 미국을 중심으로 낮잠방 시설을 갖춘 회사들이 생겨나기 시작했다. 낮잠을 직원의 복지 프로그램 중의 하나로 제공하고, 직원이 낮잠을 통해서 피로를 회복하도록 낮잠을 장려하는 회사들이 급속도로 늘고 있다

구글은 잘 알려져 있다시피 직원 복지에서는 전 세계 최고의 복지 정책을 실시하는 것으로 유명하다. 아예 회사 안에서 일상생활까지 모두 해결할 수 있도록 회사 안에 세탁소도 설치되어 있다. 그 수많은 복지 중에서도 구글의 혁신적 복지 프로그램은 회사 내 낮잠방과 낮잠 프로그램이다.

냅 패드Nap pad라고 하는, 하나에 9천~1만 3천 불을 호가하는 낮잠 전용 의자를 구비해 놓고, 빈 백이나 기타 휴식 시설과 낮잠 공간을

마련해서 직원이 낮잠을 잘 수 있는 환경을 갖추고 있다. 사실 냅 패드는 가격이 너무 비싸서 비용적인 면에서 효율성이 떨어지긴 하지만 낮잠을 위해 기술적으로 설계된 기기인 만큼, 낮잠에 최적화된 시설이다. 워낙 직원들에 대한 투자를 아끼지 않는 회사다보니 이러한 복지가 가능한 것이다. 미국에는 이렇게 냅 패드를 활용해서 직원에게 낮잠을 제공하는 회사가 많은데, 스마트폰 기반 택시 업체인 우버를 포함해, 온라인 신발 유통업체인 자포스도 냅 패드를 갖춰 두었고, 삼성 실리콘 벨리 미국 본사에도 직원들을 위한 낮잠방과 냅 패드를 제공한다.

미국의 대표적인 마케팅 소프트웨어 개발 업체인 허브스팟도 역시 회사 내 낮잠방을 갖추고, 직원들에게 낮잠을 독려하고 있다. 이 회사의 낮잠방에는 해먹이 걸려 있고, 구름 그림의 벽지는 물론이고 바닥에는 카펫이 깔려 있는데, 보기만 해도 편안하고 마음이 느긋해진다. 이 회사의 CMO Chief Marketing Officer(최고 마케팅 경영자)인 마이크 볼프 Mike Volpe도 낮잠방을 자주 애용하는데, 그는 20분의 낮잠이 하루의 나머지 시간을 훨씬 더 생산적으로 쓸 수 있도록 도와준다고 말한다. 하루 종일 휴식 없이 일하는 것은 판단 오류 가능성을 높이고, 생산성을 하락시키기 때문에 낮잠을 통해서 훨씬 더 생산적으로 일할 수 있게 된다고 한다.

소셜 네트워크 통합 관리 서비스를 제공하는 캐나다 기업인 훗스위트 Hootsuite는 간이침대를 활용해 산장 컨셉의 낮잠방으로 직원이 낮잠을 즐길 수 있는 공간을 마련해 놓았다. 군이 편안한 침대가 아니더라도 짧은 낮잠을 즐기기에는 모자람이 없어 보인다. 게다가 이런 캠프용 간이침대는 비용적인 면에서나 공간 활용 면에서도 매우 효율적이다.

벤 & 제리스도 역시 낮잠 복지로 유명한 회사이다. 이 회사는 이미 10년 전부터 낮잠 복지를 실시했는데, 아예 침대를 두고 개인 방처럼 꾸며서 직원이 편안하게 낮잠을 잘 수 있도록 하고 있다.

허핑턴 포스트도 직장 내 낮잠 복지 제도의 대표적인 기업이다. 직원의 수면 건강을 기업의 최우선 가치로 여기고 회사 내에도 낮잠방을 만들어, 직원들에게 낮잠을 자도록 적극적으로 권장한다.

나이키 본사에서는 낮잠방의 이름을 'Quiet Room'이라고 붙이고, 소파와 빈 백을 갖춘 낮잠방을 제공하고 있다.

혁신적인 매트리스를 만드는 기업으로 손꼽히는 캐스퍼Casper 역시 수면 전문 기업답게 사무실 내에 아늑하게 꾸며진 1인실 낮잠 공간을 만들어, 누구나 자유롭게 이용할 수 있도록 한다. 독립성이 보장되는 이 공간에서 직원들은 낮잠을 자거나 편안하게 기대서 일을 하거나, 휴식을 취하기도 한다.

이들 회사뿐만 아니라 피자헛, 프록터 앤드 갬블, 시스코 시스템즈 등 많은 회사가 회사 내의 낮잠 시설을 갖추고 있으며, 앞으로 훨씬 더 많은 기업들이 이러한 변화에 동참하게 될 것으로 보인다.

일본에서도 직원을 위한 낮잠 제도를 시행하는 기업이 늘어나고 있다. 한 회사에서는 오후 1시에서 4시 사이에 직원들이 자유롭게 30분의 낮잠을 자도록, 탄력적으로 낮잠 제도를 시행하고 있다. 또 다른 기업은 회사 내 회의실에 간이 낚시 의자를 두고, 원하는 직원이 30분에서 1시간 정도의 낮잠을 잘 수 있도록 한다. 개방된 공간에서 어떻게 낮잠을 잘 수 있을까 싶겠지만, 편안하게 기대서 쉴 공간만 있어도 잠깐의 낮잠을 즐길 수 있다. 무엇보다 중요한 것은 눈치 보지 않고 편하게 쉴 수 있는 기업 내 문화이다. 옆에서 인터뷰 촬영 영상을 찍고 있는데도 입을 벌리고 정신없이 낮잠을 자던 직원의 모습이 이러한 자유로운 기업 문화를 잘 대변해 준다.

중국도 역시 수많은 스타트 업, 벤처기업은 물론, 심지어 공공기관에서도 낮잠을 잔다. 중국에서 낮잠은 권장 사항일 정도다. 중국은 이미 예전부터 낮잠 문화가 존재했고, 지금까지도 점심시간 이후에 낮잠을 즐긴다. 회사나 관공서에서도 낮잠을 자기 때문에 낮잠 시간에 업무 관련 전화나 방문을 하는 것은 예의에 어긋나는 행동이라고 알려져 있다. 중국에서 급성장하는 젊은 창업가도 직원을 위한 낮잠 프로그램을 실시하고 있을 뿐만 아니라 자신들도 낮잠을 통해 어마어마한 업무 강도를 이겨낸다.

그럼 한국의 기업들은 낮잠에 대해서 어떻게 생각할까?

2014년 8월, 낮잠 카페가 오픈했을 때 각종 방송과 기사들이 앞다투어 낮잠 카페를 소개할 만큼, 한국 사회에서 '낮잠'이란 키워드는 혁신적이었다. 더군다나 직장인들이 업무 중에 잠깐 낮잠을 잘 수 있는 공간이라는 것은 더더욱 화젯거리였다. 한국에서는 직장인이 업무 시간에 낮잠을 잔다는 것 자체가 터무니없는 일이었기 때문에 누구도 '직장인의 낮잠'을 수면 위로 올리지 않았다. 누구나 낮잠의 필요성을 느끼지만, 일하는 도중에 낮잠을 자는 것이 가능하다고 생각하지 못했던 것이다. 심지어 낮잠 카페 개업 초반에는 직장인이 점심시간에 방문하는 것마저도 눈치를 보는 상황이었다. 낮잠 카페가 입소문을 타기 시작하면서 낮잠에 대한 인식이 달라졌고, 전날 잠을 못 잤거나 야근이나 회식이 있을 경우 낮잠을 자는 것이 점차 자연스러워졌다. 하지만 이러한 인식 변화는 개인 차원의 문제이지, 낮잠으로 회사원들이 건강하고 행복해지는 효과를 얻으려면, 기업에서 움직여야 한다.

다행히 우리나라 기업도 조금씩 달라지고 있다. 대표적인 예로 오렌지라이프(전. ING 생명)의 '오렌지 파워 냅' 제도를 들 수 있다. 이 제도는 이미 1년 이상 시행되었는데, 오후 2시가 되면 20분간 모든 직원이 낮잠을 자도록 실내 전등을 모두 끄고, 업무를 중지한다. 낮잠을 자거나 자신만의 방법으로 휴식을 취할 수 있다고 한다. 비록 회사 내 딱히 낮잠 공간이 없다고 해도 한국 사회에서 이러한 시도 자체는 매우 혁신적이라고 볼 수 있다. 사실 휴게실이 있어도 눈치를 보느라 이용하지 못하는 직원들이 많은데, 이렇게 전 직원이 함께 쉴 수 있는 환경을 조성한 것은 매우 효과적인 방법이라고 볼 수 있다.

또한 낮잠방 시설을 갖춘 회사도 생겨나고 있다. 카카오가 대표적인 예이다. 호스텔 형식의 2층 침대가 구비되고, 남녀 구분된 낮잠방 시설을 갖췄다. 야근을 하거나 철야하는 직원이 원하는 시간대에 자유롭게 이용할 수 있다고 하는데, 오후 시간에는 낮잠방을 이용하는 직원들로 꽉 차서 자리가 없을 정도라고 한다.

회사가 '낮잠'을 선택해야 하는 다섯 가지 이유

기업과 직원이 모두 성장하려면 기업의 가장 작은 단위인 조직 구성원의 건강과 행복한 삶이 바탕이 되어야 한다. 아무리 연봉이 높고, 회사 브랜드가 좋고 사내 시설과 부대시설이 좋아도 조직이 건강하지 않으면 회사 생활이 행복할 수 없다. 생각해 보라. 매일 하루 대부분의 시간 동안 얼굴을 맞대고 함께 일하는 동료와 상사가 자주 짜증을 부리고 화를 내는 사람이라면 회사에 가는 것 자체가 스트레스이고 삶이 불행해진다. 직장인은 아침부터 저녁 늦게까지 회사에서 대부분의 시간을 보내면서 제대로 된 휴식 없이 일한다. 하루 종일 긴장과 스트레스에 노출되는데, 이렇게 쌓인 피로를 오로지 개인의 노력으로만 알아서 해결해야 하는 현실이다. 게다가 24/7 매일 상사의 지시와 연락에 노출되고 심지어 카톡으로 업무 지시를 내리는 일이

빈번해지면서 퇴근 후에도 회사 일로 개인의 삶이 방해받는 안타까운 상황에 놓여 있다. 기업이 개인의 삶까지 책임질 수는 없겠지만, 회사 생활로 인한 스트레스와 만성 피로, 수면 부족이 쌓여 개인뿐만 아니라 주위 사람들에게까지 부정적인 영향을 주게 되면, 결국 그 손해는 고스란히 기업의 몫이 되는 것이다. 기업에서는 갈수록 더 능력 있고, 스펙 좋고, 뛰어난 직원을 영입하지만, 이것만으로 회사의 이익과 성장을 이루기에는 충분하지 않다. 아무리 좋은 스펙을 가진 똑똑한 직원이라도, 만성 피로에 찌든 상태라면 자신의 능력을 최대한 발휘할 수 없기 때문이다. 이것이 기업이 '낮잠'에 관심을 가져야 하는 주된 이유이다. 하버드 비지니스 리뷰에서도 직원에게 낮잠을 자도록 장려하는 것은 회사와 직원 모두에게 윈윈이며 기업의 입장에서 훌륭한 투자라고 보고한다. 그렇다면 낮잠 복지 정책이 기업에 이익일 수밖에 없는 이유는 무엇일까?

첫 번째, 낮잠은 top talent(유능한 인재)를 끌어당긴다

기업이 직원들에게 낮잠을 제공하는 중요한 이유는 회사 입장에서 낮잠 복지가 능력 있는 인재 영입을 위한 방법으로서도 좋기 때문이다. 특히 IT 관련 회사는 업계 특성상 다른 회사에 비해 좀 더 자유롭고 창의적인 회사 분위기를 조성하고, 일반 기업보다 파격적인 직원 복지 프로그램을 제공한다. 예를 들면 회사에 게임방이나 휴게실, 카페나 바 등 다양한 사내 부대시설을 제공하는 것이다. 또한 개발자들의 높은 업무 시간은 수면 부족으로 이어지고, 이것은 생산성과 능률이 하락하는 결과를 낳는다. 이를 해결하기 위해 도입된 낮잠방과 낮잠 시설은 기업 복지의 새로운 유행을 만들어 가고 있다. 또한 진보적이고, 창의적인 브랜드 이미지를 창출하려는 회사도 직원에게 낮잠을 제공하는 것을 트렌디하다고 여기는 추세다. 이렇듯 낮잠 프로그램은 IT 관련 기업과 도전적이고 혁신적인 기업에서 먼저 시작되고 있지만, 앞으로는 낮잠 복지로 회사가 얻는 실질적인 경제적 이익이 크기 때문에 일반 기업에도 확산될 것으로 보인다.

미국의 어느 조사 기관에 따르면 미국 직장인의 95퍼센트는 회사를 결정할 때 복지 프로그램을 중요하게 생각한다고 한다. 연봉, 회사 브랜드, 업무 성격도 중요하지만 직원에게 어떤 혜택이 제공되는지가 중요한 요소로 작용하는 것이다. 한국의 경우도 다르지 않다. 그래서 점점 더 많은 기업이 직원의 복지에 높은 관심을 갖고, 효과적인 직원 복지 프로그램을 고민하고 있다. '회사 내 낮잠'은 이런 기업들에게 새롭게 적용해 볼 만한 매력적인 직원 복지 프로그램이 될 것이다.

특히 한국의 직장인들은 야근과 회식의 비율이 상대적으로 높다 보니 수면 시간이 절대적으로 부족할 뿐만 아니라 개인적인 휴식을 누릴 여유도 없다. 그런 한국 직장인들에게 회사 내에서 낮잠을 잘 수 있도록 하는 제도는 아마도 그들이 가장 필요로 하는 복지 혜택일 것이다. 매년 한국 직장인을 대상으로 하는 조사에 따르면, 직장인의 90퍼센트 이상이 낮잠의 필요성을 느끼고, 낮잠 자는 것에 긍정적으로 생각한다. 그러나 낮잠을 부정적으로 인식하기 때문에 실제로 낮잠을 자는 직장인은 거의 없다. 회사의 눈총을 피해 사우나에 가거나 병원에서 쪽잠을 자면서, 몰래 낮잠을 자고 올 뿐이다. 낮잠 카페를 오픈하고 나서는 점심시간 때 근처 회사에 다니는 직장인뿐만 아니라 명동, 광화문, 종로, 심지어 강남에서도 낮잠 카페가 위치한 계동까지 택시를 타고 와서 이용하는 직장인도 많았다. 이 사실은 얼마나 많은 직장인들이 낮잠을 필요로 하는지 말해 준다. 낮잠 카페에 방문했던 직장인들은 하나같이 입을 모아 "우리 회사 근처에 낮잠 카페가 있었으면 좋겠다. 그럼 매일 점심시간마다 와서 낮잠을 잘 것이다"라고 얘기했다. 회사 안에서 뿐만 아니라 회사 근처에도 마땅히 휴식을 취할 공간이 하나도 없는 것이 직장인의 현실이기 때문이다. 회사에서 직원 복지의 하나로 낮잠을 잘 수 있게 해주는 것은 직원의 업무 능력을 높이는 효과뿐 아니라 뛰어난 인재를 영입하고 그들의 역량을 충분히 발휘할 수 있는 환경을 만들어 주는 것이다.

두 번째, 낮잠은 생산성 손실 비용을 낮춘다

회사의 경영진이 알면 깜짝 놀랄 만한 연구 결과가 있다. 바로 직원의 수면 부족이 회사에 끼치는 악영향에 관한 연구인데, 수면 시간에 따라 업무 성과가 달라진다는 것이다. 4시간밖에 자지 못한 그룹의 (새벽 2시 수면~6시 기상) 업무 성과는 혈중 알코올 농도 0.05퍼센트에 이르는 수준과 같았고, 3시간으로 단축된 경우(새벽 3시 수면~6시 기상) 혈

중 알코올 농도 0.1퍼센트, 즉 법적으로 음주 단속 대상이 되는 수치와 같은 수준이었다고 한다. 다시 말하면 잠이 부족한 상태로 출근하는 직원은 만취 상태로 업무를 보는 것과 같다는 의미다. 만약 당신이 고용한 직원이 술에 잔뜩 취해서 일을 한다고 가정해 보자. 상상도 안 되는 일일뿐더러 "자네 지금 회사에서 뭐하는 짓이야!"라고 화를 내지 않을까?

또 다른 연구 결과에 따르면 수면 시간이 1시간씩 줄어들수록 다음 날 생산성이 적어도 1시간 이상 손실된다고 한다. 더 심각한 문제는 수면 부족인 사람은 자신의 생산성이 낮아진다는 사실조차 인식하지 못한다는 점이다.

하지만 낮잠을 자면 생산성을 높일 수 있다. 《Nature Neuroscience》에 발표된 연구 결과는 낮잠이 인지능력 향상에 영향을 준다는 사실을 뒷받침한다. 피실험자를 대상으로 낮잠을 자게 한 후에 인지능력 테스트를 진행했는데, 30분간 낮잠을 자면 인지능력 감퇴가 멈추는 걸 확인할 수 있었고, 60분간 낮잠을 잔 경우에는 오히려 더 향상된 것을 확인할 수 있었다. 또한 나사 연구에 따르면 졸음에 시달리는 조종사들에게 40분간 낮잠을 자도록 한 결과, 업무 능력이 34퍼센트 향상되었고 인지능력이 100퍼센트나 향상되었다고 한다.

그뿐만 아니라 낮잠은 탈진을 막는다. 탈진은 더 이상의 정보를 받아들이지 못한다고 몸이 신호를 보내는 것이다. 만성 수면 부족과 피로를 겪는 직장인이 업무를 보는 것은 마치 새로운 정보를 튕겨내는 것과 같다. 일은 하고 있지만 제대로 된 업무 성과를 낼 수 없는 것이다. 이러한 문제를 효과적으로 해결해 줄 방법은 바로 낮잠을 자는 것이다. 어차피 회사 생활을 하는 이상 잦은 야근과 회식으로 잠이 줄어드는 것은 피할 수 없고, 늦은 시간까지의 개인 활동도 포기할 수 없다면 낮잠을 통해 부족한 수면을 해결하는 것이 현명한 일일 것이다. 게다가 낮잠은 밤잠만큼 긴 시간이 필요하지 않다. 겨우 20분, 길어야 1시간이다.

잦은 휴식은 믿을 수 없을 만큼 우리를 생산적으로 만들어 준다. 생산성 향상이 단지 회사에만 좋을 것 같은가? NO! 생산성 향상은 개인의 행복과 삶의 질도 바꾼다. 행복한 사람이 다른 사람에 비해 31퍼센트나 더 생산적이라는 연구 결과는 그 사실을 뒷받침한다.

세 번째, 낮잠은 저렴하지만 효과적인 직원 스트레스 관리 프로그램이다
적당한 스트레스는 인간에게 필요한 요소이지만, 그 이상의 심각한 스트레스는 신체적, 정신적 건강을 위협하고 우울증과 불면증을 유발하는 위험 요소이다. 특히 직장인은 회사에서 하루의 대부분을 보내고, 스트레스를 해결하지 못한 채로 매일 반복되는 일상을 보낸다. 그로 인해 정신은 피폐해지고 폭식, 식욕 저하 등 식이장애가 생기기도 하고, 담배, 지나친 카페인 섭취 등과 같은 나쁜 식습관으로 건강까지 잃게 된다.

회사에서는 다양한 프로그램과 워크숍, 직원 교육 등을 통해 직원의 스트레스 해결을 위한 지원에 투자를 아끼지 않고 있다. 대표적인 직원 스트레스 관리 프로그램에는 명상, 웃음 치료, 요가, 호흡법, 마음 챙김mindfulness 등이 있다. 감정 조절에 초점을 둔 이러한 방법도 스트레스 감소에 도움을 주지만, 비용대비, 시간대비 가장 직접적이고 효과적인 방법은 직원이 낮잠을 자게 해주는 것이다. 단 20분이라도 직원이 편하게 낮잠을 잘 수 있도록 하는 제도를 만들기만 하면 된다. 낮잠은 수면 부족을 해결해줄 뿐만 아니라 동료나 상사와의 의사소통에서 오는 스트레스와 업무 피로나 긴장을 효과적으로 낮출 수 있기 때문이다. 기업의 입장에서는 가장 저렴한 비용으로 직원들의 건강도 챙기고 직장 생활의 만족도를 높일 수 있는 스트레스 관리 프로그램인 것이다.

이제 바뀌어야 할 것은 낮잠에 대한 경영자들의 인식이다. 충분한 휴식을 취한 직원이 훨씬 더 높은 역량을 발휘하고, 이것은 결국 기업의 생산성을 높이고 건강한 기업 문화를 만드는 데 기여한다는 믿음을 가져야 한다. 전세계적으로 높아지는 휴식의 중요성을 읽지 못하거나 아직도 낮잠으로 휴식을 취하는 일을 시간 낭비라고 생각하는 경영 마인드는, 변화하는 시대에 제대로 대응하지 못하는 치명적인 실수가 될 것이다.

네 번째, 낮잠은 건강한 조직 문화를 만든다

건강한 조직 문화 형성과 조직의 활성화는 직원의 행복한 회사 생활을 위해서도 중요한 문제이다. 더욱이 조직 문화는 기업의 생산성과도 밀접하게 관련되어 있다. 미국의 일하기 좋은 100대 기업이 대부분 공통적으로 가지고 있는 조직 문화는 '봉사 활동과 소외 계층 기부 활동'이다. 팀원 혹은 부서원들과의 대외 활동(봉사 활동, 문화 활동 등)으로 단합을 도모하거나 친밀감을 형성한다. 사회적 책임과 공헌을 기업의 중요한 가치로 추구하고 직원의 참여를 이끌어 내는 회사는 건강한 조직 문화를 형성하며, 직원의 만족도 또한 높은 것으로 나타났다. 사회적 가치 추구와 봉사 활동이 직원들 간의 유대와 신뢰를 높이는 데 도움을 주기 때문이다. 이렇게 기업의 사회적인 목표와 가치를 어디에 두느냐에 따라서 조직 문화는 달라지기도 한다. 또한 경영진의 평행적이고 자유로운 의사소통 방식과 신뢰를 주는 행동도 건강한 조직 문화를 형성하는 데 중요한 역할을 한다.

반면에 각 부서와 그 안의 팀, 작은 조직을 구성하는 사람들에 의해서 건강한 조직 문화가 형성되기도 한다. 이때 중요한 것은 무엇보다도 구성원들 간의 존중과 이해, 배려를 통해 형성된 신뢰이다. 특히 직장 생활은 제한된 환경에서 매일 보는 사람과 소통하고 부딪히며 대부분의 시간을 보내야 하기 때문에, 동료와의 좋은 관계 유지는 행복한 직장 생활을 위해 매우 중요한 일이다. 각 부서 안에서는 다양한 사람이 모인 만큼 서로 간의 마찰과 의견 충돌이 있을 수 있다. 그러나 조직원 간의 불화를 만드는 가장 큰 위험 요소는 직원 개인의 건강하지 않고 불행한 삶이다. 다른 사람에 대한 이해와 배려도 자신의 삶이 행복하고 여유가 있을 때나 가능한 일이다. 잠이 부족하거나 스트레스가 가득해서 자신의 삶을 돌아볼 여유가 없는 사람이 다른 사람을 생각할 여유가 없는 것은 어찌 보면 당연한 일이다. 건강한 조직 문화를 만드는 것을 떠나, 일단 내가 사람들로부터 스트레스를 받지 않으려면 스스로가 건강하고 여유로워야 하는 것이다.

'He gets on my nerves(그 사람은 항상 신경에 거슬려)'라는 표현처럼 어딜 가든 사람들이 모여 있는 곳이면 항상 나를 신경 쓰이게 하고 짜증 나게 하는 사람이 존재하기 마련이다. 그건 그 사람의 문제가 아니라 나에게 문제가 있는 것이다. 내가 건강하고 행복하면 나를 짜증 나게 하는 일이나 사람도 없다. "부장 놈 때문에 미쳐버릴 것 같아.", "저 사람 때문에 회사 나오기가 싫어." 어찌 보면 이직을 결정하는 가장 큰 요소는 일 자체가 아니라 함께 일하는 동료나 상사인 경우가 더 많다. 그래서 직원의 만성 수면 부족과 피로가 기업의 문제로 인식되는 이유인 것이다. 잠을 잘 못자는 사람은 스트레스가 가득해서 툭하면 짜증을 내고 예민해지기 마련이다. 나의 상사가 그런 사람이라고 하면 그 밑의 팀원들은 상사의 갖은 짜증과 화를 받아 내느라 지독한 스트레스로 고통받게 된다. 매일 그런 생활이 반복된다고 하면 기업의 작은 조직 자체가 건강하고 행복해질 수가 없다. 그래서 특히 직장인들에게 낮잠이 꼭 필요한 것이다. 낮잠을 통해 직원 개개인의 삶이 건강해질 수 있기 때문이다.

쌓인 수면 빚을 낮잠으로 해소하면서 서서히 건강한 생활 양식을 되찾고 마음의 여유를 갖게 되면 다른 사람들과의 소통 문제도 저절로 해결된다. 다양한 낮잠 관련 연구들을 통해서도 직장 내에서 낮잠을 자는 것은 기업에 실제적인 경제적 이익을 가져다 줄 뿐 아니라 낮잠이 직원들의 수면 부족 해소와 스트레스 회복을 도와 팀워크에도 긍정적인 영향을 끼친다고 한다.

회사는 학교도 아니고 나를 아끼고 사랑해 주는 친구나 가족도 아닌, 단순히 자신들의 이해관계로 만나 관계를 형성한 사람들이다. 개인의 관심사가 다르고 사실 어찌 보면 개인적이고 이기적이 될 수 있는 환경이다. 그런 공동체에서 자유롭고 긍정적인 소통과 배려와 신뢰를 형성하는 건강한 조직 문화는 결국 그 조직을 구성하는 개개인의 건강과 행복한 삶의 태도에 달려 있다. 하루 잠깐 직원들이 회사 안에서 낮잠을 잘 수 있게 해주는 것은 직원들의 건강과 행복을 지켜주는 일이고, 기업의 입장에서는 건강한 조직 문화와 기업 문화를 만들 수 있는 일석이조의 효과를 얻는다.

다섯 번째, 낮잠은 회사 가치를 높인다

창의적이고 혁신적인 기업 이미지를 만들고 싶다면 낮잠 복지를 시작하는 것이 어떨까? 미국을 중심으로 기업의 낮잠 복지가 확산되고 있지만 실상은 미국 내에서도 낮잠을 허용하는 정책은 모험적이고 혁신적인 직원 복지 정책으로 인식된다. 실제로 낮잠을 도입한 회사는 구글, 애플, 삼성, 나이키 등 세계적인 기업인 경우가 대부분이다. 이들 역시 낮잠 프로그램으로 파격적인 직원 복지 혜택을 제공하는 창의적이고 도전적인 기업으로 더욱 부각되고 있다. 한국 기업들도 마찬가지로 회사의 브랜드와 가치를 높이기 위한 방법을 찾고 있다면 낮잠 프로그램 도입을 고려해봐야 한다.

변화는 시작되고 있다. 일부 스타트업이나 벤처 등 젊은 기업들을 중심으로 수면공간과 낮잠시설을 갖추고 직원들이 자유롭게 낮잠을 잘 수 있도록 하는 회사들이 늘어나고 있다. 이들은 스스로를 사회의 변화를 주도하는 혁신적인 기업으로 생각하고 있을 뿐 아니라 이들 기업에 대한 사회적인 인식과 평가도 마찬가지다. 그리고 낮잠으로 높아진 생산성과 직원들의 회사 생활 만족도는 기업의 생산성과 이익에도 좋은 영향을 끼쳐, 객관적인 기업 가치도 높아진다는 점 또한 낮잠 제도 도입으로 얻을 수 있는 효과이다.

낮잠 프로그램의
세 가지 성공 조건

2014년 서울 시청에서 직원들이 점심시간 이후에 낮잠을 잘 수 있게 하는 제도가 도입되어서 화제가 된 적이 있다. 그해 8월 낮잠 카페를 오픈하면서, 서울시에서는 어떻게 낮잠 시설과 제도를 운영하고 있는지 방문한 적이 있었는데 낮잠방이라고 하기에는 많이 부족한 작은 휴식 시설이었다. 게다가 이용하는 직원들도 거의 없다 보니 낮잠 제도가 무용지물이라는 것이다. 그 당시에는 혁신적인 시도였지만 제대로 운영되지 못했고, 공무원이라는 직업 특성상 다소 부정적인 사회적 시선도 있었을 것으로 짐작된다. 앞서 소개한 오렌지라이프의 '오렌지 파워 냅 제도'의 경우 따로 낮잠방이나 낮잠 시설을 갖추고 있진 않지만, 오후 2시에 20분간 모든 직원이 책상에 엎드리거나 자신만의 방법으로 낮잠을 자거나 개인 휴식을 취하는 방법을 통해 직원들이 낮잠을 잘 수 있게 해주고 있다. 이렇게 전 직원이 눈치 보지 않고 마음 놓고 쉴 수 있도록 강제적으로 분위기와 환경을 만들어준 것은 기업과 직원 모두에게 있어 낮잠의 효과를 얻기에 매우 효과적인 방법이다. 실제로 파워 냅 제도를 실시하고 난 후 설문조사에 따르면 90퍼센트 이상의 직원들이 이 정책에 만족한다고 대답했고, 56퍼센트가 낮잠으로 업무 능력 향상 효과를 보았다고 대답했다고 한다. 이 제도는 회사 직원들의 건의를 경영진과 임원들이 적극 수용해서 실시되었다고 하는데 변화에 능동적으로 대처하는 경영진들의 마인드에 박수를 보낸다. 회사 내에서 낮잠이 올바로 시행되기 위해서는 회사 경영진들의 마인드가 가장 중요하기 때문이다. 혹은 회사에서 여건이 된다면 구글이나 삼성 등의 대기업들처럼 낮잠 방이나 낮잠 시설을 갖추고 직원들이 낮잠을 효과적으로 잘 수 있는 환경을 제공할 수도 있다. 그럼 어떻게 하면 적은 투자로 낮잠 프로그램으로 최대의 효과를 얻을 수 있을까?

첫 번째 조건, 탕비실이 아닌 낮잠만을 위한 공간: Nap room

첫 번째로 낮잠만을 위한 공간이 마련돼야 한다. 반드시 탕비실이나 휴게실과는 완전히 다른 목적의 공간이라는 접근이 필요하다. 회사 내 낮잠 공간은 회사 입장에서는 직원이 낮잠과 업무의 경계를 확실히하고, 낮잠을 자고 난 후에는 바로 업무에 복귀할 수 있도록 해준다. 업무 공간과 휴식 공간이 확실히 생산성 면에서도 보다 효과적으로 운영될 수 있다. 직원 입장에서도 낮잠방은 상사와 동료의 시선이나 업무에서 잠시나마 벗어나, 심리적으로 훨씬 더 편안하게 낮잠을 자거나 휴식을 취할 수 있도록 해준다.

회사 내 낮잠방을 위한 조건

- 발을 뻗을 수 있는 공간
- 독립된 공간이고 가능하다면 소음이 차단된 공간
- 커튼 등으로 시야를 차단해 독립성이 보장된 공간

낮잠방에 어떤 걸 가져다 놓으면 좋을까?

한두 명 이용하는 것이 아닌, 최대한 많은 직원이 이용할 수 있도록 하려면 비용이 저렴하면서도 공간을 많이 차지하지 않고, 동시에 낮잠에 쉽게 빠져들 수 있는 시설이 좋다. 추천하는 것은 해먹, 빈 백, 무중력 의자, 간이 안락의자 등이다.

1. 해먹

낮잠 카페를 오픈하고 "왜 해먹이냐?"라는 질문을 수도 없이 많이 들었다. 그만큼 해먹은 우리에게 생소한 시설이다. 하지만 직장인의 낮잠 공간이라는 아이디어를 구상할 때 내가 유일하게 떠올린 것이 해먹이었을 만큼 해먹은 낮잠에 어울리는 훌륭한 간이침대이다. 머리와 다리를 누일 수 있으면서 누우면 해먹에 폭 싸여 시야를 차단해 완전히 독립된 공간으로 만들어 주는 것이다. 무엇보다도 가장 빠르고 편안하게 잠을 잘 수 있도록 해준다. 실제로 낮잠 카페 방문객들도 해먹에 누우면 불과 몇 분 만에 잠에 빠져들었다. 시간적 여유가 없는 직장인에게 가장 좋은 낮잠 시설이라고 할 수 있다. 실내에 설치하려면 벽에 걸거나 해먹 거치대를 이용하는 방법도 있는데, 이는 공간 차지 면적이 넓어 비교적 큰 공간에서 설치가 가능하다는 단점이 있다. 아니면 일명 '플라잉 요가 해먹'이라고 불리는 천장에 대롱대롱 매달린 해먹도 회사 낮잠방 시설로 괜찮다. 공간 활용 면에서도 효과적이고 플라잉 해먹 특성상 누우면 척추에 가해지는 부담이 없이 몸의 굴곡에 따라 해먹이 자연스럽게 몸을 감싸, 근육 이완과 피로 해소에 도움이 된다.

2. 빈 백

빈 백은 낮잠을 빠르게 그리고 효과적으로 잘 수 있도록 하는 좋은 도구이다. 경험해 본 사람은 알겠지만, 빈 백은 일명 '악마의 쿠션'이라고도 불릴 만큼 편안하다. 무엇보다 가장 큰 장점은 비용이 저렴하고 이동이 자유롭기 때문에, 독립된 낮잠방이 아니더라도 어디서든 이용할 수 있다는 점이 있다. 또한 빈 백은 침대와는 다른, 잠을 자는 도구가 아니라 편안하게 앉아 쉬는 소파같은 느낌이기 때문에 굳이 낮잠을 자려고 하지 않더라도 빈 백에 기대면 심리적으로 더 편안해져서 쉽게 잠에 빠지게 된다. 낮잠을 휴식의 개념으로 접근한다는 관점에서 가장 적합한 낮잠 도구라고 볼 수 있다.

3. 무중력 의자

최근 유행하는 무중력 의자도 회사 낮잠 시설의 솔루션이다. 일단 침대나 해먹, 소파, 빈 백 등과 다르게 '의자'라는 점에서 기업이 거부감 없이 받아들일 수 있고, 가격도 매우 저렴하다. 침대처럼 완전히 누운 것은 아니지만 실제로 누운 효과를 주며, '낮잠용 의자'로 소개될 만큼 쉽게 낮잠에 빠질 수 있도록 해준다. 7~8시간의 긴 밤잠을 자기에는 몸에 무리가 올 수 있지만, 20분에서 1시간 정도의 낮잠에는 문제가 없다. 무중력 의자 역시 이동이 자유로워 사무실 한 구석에 갖다 놓고 사용할 수도 있고, 낮잠을 자고 난 후에는 접어 치워 놓으면 그만이다.

낮잠방 시설이 제대로 효과를 보려면 직원이 가능한 편안하고 빠르게 충분한 휴식을 취할 수 있도록 심리적 공간을 분리하는 것이 가장 중요하다. 회사 안에 따로 여유가 없다면 직원이 낮잠을 자는 시간을 정해 놓고, 그 시간대에는 회의실을 활용해 요가 매트를 깔고 잠시 누워서 자는 것도 충분하다. 그리고 '낮잠방'이라는 개념이 여전히 부담스럽다면 '요가방' 또는 '명상실'이라고 이름을 붙이는 건 어떨까? 수면 시설같은 공간을 만들지 않아도 밝고 쾌적한 요가방으로 꾸미며, 조금 두꺼운 매트를 깔아 두고 휴식이 필요한 직원이 자유롭게 이용하도록 하는 것이다. 간단한 스트레칭이나 명상을 하는, 회사 내 피트니스 센터같은 공간이라고 생각할 수도 있다. 이러한 방법은 기업의 입장에서도 낮잠을 '잠'이 아닌 간단한 휴식의 개념으로 접근할 수 있고, 직원들도 회사의 눈치를 보지 않고 자연스럽게 낮잠을 잘 수 있는 좋은 방법이기도 하다. 하루 종일 앉아서 일하는 직원들에게는 잠깐이라도 편하게 다리를 뻗고 누울 수 있는 것만으로도 피로와 스트레스가 해소되고, 긴장이 이완되어 빠르고 효과적으로 낮잠을 잘 수 있을 것이다.

두 번째 조건, 회사만의 낮잠 정책

낮잠을 사내 문화의 하나로 만들어야 한다. 회사에서 낮잠을 잘 수 있도록 허용하고 낮잠 시설을 만들어 놓아도 직원들이 동료나 상사의 눈치를 보고, 인사평가에 영향을 미칠까 봐 이용하지 못한다면 아무런 효과를 볼 수 없다. 회사 내에서 낮잠 자는 것이 '업무 성과를 위한 좋은 습관'이라는 메시지를 직원들에게 지속적으로 보내, 마음 편하게 낮잠을 잘 수 있도록 해주는 것이 좋다. 직원이 낮잠으로 자리를 비웠을 때 "바빠 죽겠는데 낮잠이나 자고 있으면 어떡해!"라고 비난하거나 부정적인 시각으로 바라보는 것이 아니라, 그가 당연한 권리를 행사하고 있고 낮잠으로 자신의 피로 관리, 능력 관리를 잘 하고 있다고 생각하는 시선이 중요한 것이다. 무엇보다도 회사 내에서 낮잠 자는 것을 장려하는 문화가 형성되어야 실제적으로 직원들이 낮잠을 활용할 수 있고 낮잠으로 인한 혜택을 얻게 된다.

이와 함께 낮잠 이용에 대한 정책과 시스템을 구축해야 한다. 그냥 직원들의 자율 의지에 맡긴다면 직원도 회사도 아무도 낮잠 제도의 효과를 얻지 못하게 된다. 낮잠 방을 이용하는 방법, 낮잠시간, 낮잠 중 부재와 복귀 알림 등 구체적인 규칙을 마련해두어야 보다 성공적으로 낮잠 프로그램이 운영될 수 있다. 예를 들면 낮잠으로 자리를 비울 때, 상사에게 보고하고 자신의 책상에 '1-2시 외출중'이라는 푯말을 놓아 두는 것이다. 이를 통해 자신이 지금 낮잠을 이용 중이라는 사실과 언제 다시 업무에 돌아올 것이라는 것을 알리는 것이다. 또한 정해진 낮잠 시간을 지키지 않고 제시간에 업무에 돌아오지 않을 경우 페널티를 적용하는 정책도 마련해놓는 것이 좋다.

회사에서 적용해 볼 수 있는 낮잠 프로그램에 대해 제안을 하자면, 낮잠 프로그램을 단계적으로 실시하는 것이다. 기업에서 좀 더 안전하게 투자해볼 수 있는 방법이고 장기적으로도 낮잠 프로그램을 효과적으로 정착시킬 수 있게 해준다. 첫 번째 단계로 야근한 직원들을 대상으로 우선적으로 낮잠을 자게 해주는 것이다. 일종의 야근 수당으로, 야근한 사람들에게는 1시간의 낮잠을 제공하는, 즉 야근 수당을 낮잠 시간으로 대신 주는 것이다. 일명 '낮잠 수당'이다. 11시에서 3시 사이에(아무리 피곤해도 최적의 낮잠 시간대에 낮잠을 자는 것이 효과 면에서 오후 시간 활용 면에서도 좋다. 또한 이 낮잠 시간대를 지켜야 야근으로 인해 무너진 수면 리듬을 깨트리지 않고 밤의 수면을 방해하지 않는다) 무조건 1시간의 낮잠 시간을 주고 해당 직원이 시간대를 선택하면 회사 내 낮잠 방을 이용하거나 회사 근처 낮잠 카페나 휴식 공간 등을 이용할 수 있도록 해주는 것이다. 회사 밖의 시설을 이용해야 할 경우 제휴를 통해서 회사에서 이용료를 지불하고 직원들의 이용 현황을 확인할 수도 있다. 물론 회사 내에 낮잠 시설과 낮잠 방이 구비되어 있다면 가장 좋겠지만 따로 회사 내 여유 공간이 없을 경우 이런 방법을 추천하고 싶다. 그리고 사실 아무래도 직장인 입장에서는 회사 밖에서 쉬는 게 마음이 훨씬 편하기도 하다. 어떤 방법으로든 핵심은, 쉬고 싶은데 눈치 보여서 못 쉬는 게 아니라 야근 수당으로 당당하게 마음 놓고 쉴 수 있게 해주는 것이다.

점차적으로 회사 내에서 낮잠 자는 것이 일반화되고 사내 문화로 받아들여지면 그 다음 단계로 전 직원이 회의실을 예약하는 것처럼 낮잠 방을 예약해서 이용할 수 있게 하면 된다. 예를 들어 허브스팟에서는 누구나 자신이 원하는 시간에 원하는 시간만큼 낮잠 방을 예약해놓고 자유롭게 이용한다고 하는데 그럼에도 낮잠 제도를 남용한다거나 다른 부작용이 있었던 적은 한 번도 없다고 한다.

또 다른 방법으로는 직원 스트레스 관리 혹은 힐링 프로그램으로 한 달에 한두 번 정도 정기적으로 부서별, 혹은 팀별로 낮잠을 함께 자는 워크숍이나 이벤트를 진행하는 것이다. 회사 내 물리적인 여건과 환경이 여의치 않다면 이런 방법도 적극 권장한다. 또는 지금 당장 낮잠 복지를 시도하는 것이 부담스럽거나 얼마나 효과적일지 우려가 된다면 이런 일회성 프로그램을 시도해 보는 것도 좋다. 조직 활성화뿐만 아니라 직원 건강 증진 측면에서도 매우 효과적이고 낮잠 프로그램을 테스트해 볼 수 있는 기회가 될 것이다.

세 번째 조건, 낮잠 교육

누구에게는 낮잠을 자는 것이 쉬울 수 있겠지만, 누구에게는 어려운 일이기도 하다. 무엇보다 올바른 방법으로 낮잠을 자야 낮잠의 효과를 얻을 수 있다. 그렇지 않을 경우 오히려 낮잠으로 컨디션이 망가지거나 더 나른하고 졸린 상태로 오후 업무에 부정적인 영향을 끼칠 수도 있다. 따라서 기업이 직원에게 낮잠 시설이나 환경을 제공하는 것도 중요하지만 그에 못지 않게 낮잠 관련 교육을 실시하는 것도 중요하다. 특히나 업무 중에 자는 낮잠은 최대한 효과적으로 피로를 회복하고 다시 빠르게 업무에 복귀하는 것이 핵심이다. 그렇기 때문에 직원과 기업 모두가 긍정적인 효과를 얻으려면 올바른 낮잠 교육과 훈련이 반드시 필요한 것이다. 더불어 낮잠을 적극적으로 활용할 수 있는 방법들을 알려주고, 낮잠 효과를 극대화할 수 있게 한다. 중요한 미팅이나 프레젠테이션이 있기 전에 낮잠을 자는 것은 성공 여부에 큰 차이를 만들어 내기 때문이다. 무엇보다 직원의 전반적인 수면 상태를 점검하고, 수면 관리 교육을 제공해 주는 것을 적극 권장한다. 직원의 수면 부족과 그로 인한 만성피로, 스트레스가 기업에 끼치는 악영향과 손실을 생각하면 어쩌면 직원들에게 올바른 수면 관리 방법과 중요성을 알리는 것이 가장 급선무일지도 모른다. 또한 숙면에 도움을 주는 생활 습관 코칭과 더불어, 가능하다면 불면증이나 우울증으로 수면 장애를 앓고 있는 직원에게는 수면 치료를 통해 수면 개선을 할 수 있는 프로그램을 제공해 준다. 수면 교육은 단순히 '잠만 잘 자게 하자'는 의미가 아니라 효과적인 직원 스트레스 관리 교육이자 효율성 관리, 시간 관리, 자기 계발 교육인 셈이다. 이런 교육과 프로그램을 통해 기업과 직원들이 수면을 올바로 인식하고, 충분한 수면과 휴식을 갖게 된다면 기업과 직원 모두 윈윈할 수 있다.

회사에서 책상에
엎드려 잘 때 좋은 팁

회사 책상에 엎드려서 잘 때, 자세가 불편한데 좀 더 편안하게 잘 수 있는 방법은 없을까?

다리 뻗고 낮잠을 잘 수 있는 공간을 찾기 힘든 것이 현실이다 보니 책상에 엎드려 자는 것이 유일한 대안인 경우가 많다. 하지만 그렇게 잠깐 자고 일어나면 목도 아프고 잠자는 것도 불편하다. 이럴 때, 집에서 담요나 볼록한 쿠션을 회사에 가져다 놓고 낮잠을 잘 때 가슴에 안고 책상에 기대면 불편함이 많이 사라지고 좀 더 편안하게 낮잠을 즐길 수 있다. 담요는 접었을 때 적당한 두께감이 있어야 하고 촉감이 좋은 보들보들한 소재가 좋다. 기대는 순간 안락함을 느낄 수 있어 긴장을 풀어주는 데도 좋기 때문이다. 쿠션은 책상에 기댔을 때 허리가 많이 구부러지지 않을 정도로 적당히 볼록하고, 머리를 받칠 수 있을 정도의 높이가 좋다. 이렇게 담요나 쿠션을 안고 자면 상체를 숙이지 않으면서도 낮잠을 잘 수 있다. 무엇보다 포근함과 편안함을 느끼는 데 이만한 도구가 없다. 비록 의자에 앉아 잠시 기대는 휴식일지라도 긴장과 스트레스가 사라지고 짧게나마 편안하게 낮잠을 즐기는 데 도움이 된다. 낮잠 훈련을 할 때 책상에 엎드려서 잠을 자는 게 불편해서 도통 잠에 들지 못하는 사람들에게 담요를 말아 건네주면 대부분이 낮잠에 빠져들었다.

또는 스툴이라고 하는 작은 의자를 책상 밑에 갖다 놓고, 그 위에 다리를 올려 낮잠을 자는 방법도 좋다. 누울 수 있다면 좋겠지만, 그게 어렵다면 다리라도 뻗는 게 좋다. 그리고 직장인들의 경우 회사에서 대부분의 시간을 앉아서 보내기 때문에 이렇게 다리를 올려 주는 것이 피로 회복에도 도움이 된다. 회사에서 직원들에게 책상과 의자만 줄 것이 아니라 이런 작은 스툴도 하나씩 제공해 주면 좋을 텐데 말이다.

PART 05

낮잠 훈련하기

낮잠을 자는 것은 생각보다 쉽지 않은 일이다. 언제 자느냐에 따라, 얼마만큼 자느냐에 따라 그 효과가 천차만별이다. 낮잠의 효과를 최대한 얻기 위해서는 올바른 낮잠 시간과 방법으로 낮잠을 자야한다. 그리고 무엇보다 규칙적으로 낮잠을 자는 낮잠습관이 중요하다. 그리고 어느 연구에 따르면 낮잠을 규칙적으로 자는 사람은 낮잠을 자기 전부터 이미 혈압이 떨어지고 기분도 좋아진다고 한다. 아직 낮잠을 자지도 않았는데 생각만으로도 효과가 나타나는 것이다. 이렇듯 규칙적인 낮잠 습관은 몸과 마음을 안정시키고 건강하게 만든다. 그렇다면 자신에게 맞는 낮잠 습관은 무엇이며, 올바르게 낮잠 습관을 들이는 방법에는 무엇이 있을까?

낮잠은 언제, 얼마나 자야 할까?

낮잠이 아무리 좋다고 해도, 졸릴 때 언제든 낮잠을 자도 되는 것은 아니다. 과연 낮잠은 언제, 얼마나 자야 가장 효과적일까? 낮잠을 잘 때 시간이 중요하다고 생각해본 사람은 별로 없을 것이다. 얼마만큼 자야 개운하게 일어나고, 피로가 해소되는지 아는 사람도 없다. 그 저 사람들은 시간적 여유가 있으면 낮잠을 잘 뿐이고, 시간을 정확하게 지키지도 않는다. 보통 시간이 허락하는대로 낮잠을 자기 때문에 시간이 부족하면 20~30분, 가능하다면 2시간이고 3시간이고 쭉 자 버린다. 그렇기 때문에 많은 사람이 낮잠의 효과를 전혀 얻지 못하는 것이다.

사람마다 자신에게 가장 잘 맞는 낮잠 시간이 다르다. 누군가는 20분을 자고 일어났을 때 가장 개운한 반면, 30분이 적당한 사람도 있고 1시간을 자야 피로가 풀리는 사람도 있다. 자신에게 맞는 낮잠 시간은 몇 번의 훈련을 통해 알아갈 수 있다. 하지만 그 전에 반드시 명심해야 할 점은, 낮잠을 자기에 적합한 낮잠 시간대를 지키고, 올바른 수면 단계에 따라 낮잠을 자야 한다는 것이다.

최적의 낮잠 시간대

수면 연구자들은 낮잠을 자기에 가장 좋은 시간은 오후 12시에서 4시 사이라고 말한다. 이때가 가장 낮잠에 쉽게 빠질 수 있고, 낮잠을 자고 난 후에 오후 활동을 하기에도 좋은 시간대이기 때문이다. 인간의 생체 리듬 중의 하나인 'Circasemedian rhythm 12시간 주기 리듬'에 따르면 일어나서 대략 6시간 이후가 낮잠을 자기에 좋은 시간대라고 한다. 예를 들어 아침 6시에 일어나서 활동을 시작한 사람이면 오후 12시쯤이 낮잠을 자기에 가장 좋고, 8시에 일어난 사람은 오후 2시쯤에 몸이 낮잠을 필요로 한다. 내 경우에는 아침 6시에 일어나는데 실제로 12시쯤 되면 몸이 나른해지고 힘이 빠져 나간다. 매일 규칙적으로 낮잠을 자는 습관이 있다 보니 몸이 자연스럽게 반응하는 것이다. 하지만 아예 낮잠을 자본 적이 없거나, 처음 낮잠을 자기 시작한 사람은 대부분 쉽게 잠들지 못한다. 하지만 시간을 정해 놓고 잠깐씩이라도 눈을 감고 쉬는 습관을 들이면, 곧 자연스럽게 자신에게 맞는 낮잠 시간대가 생긴다.

추천하는 낮잠 시간대는 1시에서 3시 사이다. 점심 식사 후에 가장 낮잠에 잘 빠져들 수 있고 3시 전에 낮잠을 자야 낮잠을 자고 나서도 오후 시간을 활용하기 좋다. 혹시라도 4시 이후에 낮잠의 욕구가 생긴다면 잠을 자려고 하지 말고 차라리 저녁 일찍 잠자리에 드는 것이 낫다. 낮잠 시간대를 벗어나면 낮잠이 아니라 그냥 잠이다. 이런 잠은 오후 시간을 활용하는 데에도 비효율적이고 밤잠을 방해하는 직접적인 요인이 될 수 있다.

효과적인 낮잠 시간

"낮잠의 효과를 최대한 얻으면서 개운하고 에너지 넘치는 오후 시간을 보낼 수 있는 낮잠 시간은 수면 단계 따라 20분, 1시간, 1시간 30분이다."

짧은 낮잠도 수면 단계를 거친다. 수면 1단계는 누워서 잠에 빠져들기 시작하는 단계로, 밤잠은 보통 10분 이내의 시간이 소요되지만, 낮잠은 2~3분 정도가 걸린다. 수면 2단계에서는 피로와 에너지 회복, 인식 능력 및 운동 기술 향상 등 우리 몸의 주요 기능이 좋아지는데, 이 단계가 대략 15분에서 20분 정도가 소요된다.

그리고 수면 2단계가 넘어가면 Slow-Wave Sleep(깊은 수면)에 빠지고, 이 단계를 지나면 1시간이 걸린다. 마지막으로 깊은 수면 단계를 지나면, 다시 수면 2단계를 거쳤다가 동공이 빠르게 움직이는 렘REM 수면(렘수면은 피로가 가장 많이 해소되고 창의력이 높아지는 수면 단계이다) 단계에

도달한다. 그리고 다시 짧은 수면 2단계를 지난 후 하나의 수면 주기가 완성된다. 여기까지 대략 1시간 30분의 시간이 소요된다.

낮잠을 잘 때도 이러한 수면 단계에 맞춰 일어나야 낮잠의 효과를 최대한 얻을 수 있고, 피로 때문에 처지지 않고 일상으로 복귀할 수 있다. 즉, 수면 2단계가 끝나는 20분 뒤에 일어나거나 깊은 수면 단계까지 취하는 1시간, 하나의 수면 싸이클을 완전히 끝낸 후인 1시간 30분이 낮잠의 혜택을 최대한 얻으면서 부작용 없이 효과적으로 낮잠을 잘 수 있는 낮잠 시간이다. 그저 시간이 되는 대로 낮잠을 자면 (예를 들어 40분의 낮잠), 수면 3단계인 깊은 수면 상태에서 일어날 가능성이 높다. 그럴 경우 잠에서 잘 깨지도 못하고, 낮잠을 자도 오히려 더 졸리고 몽롱해지는 부작용이 생긴다.

낮잠 시간 별 효과

낮잠을 얼마나 자느냐에 따라 얻는 효과도 다르기 때문에 자신의 피로의 정도와 생활 리듬에 맞춰 낮잠 시간을 조정하는 것이 좋다. 시간이 부족한 사람에게는 20분의 낮잠을 추천한다. 실제로 많은 과학자들과 의사들 또한 20분을 최적의 낮잠 시간으로 이야기한다. 짧은 시간으로도 낮잠의 혜택을 얻을 수 있고, 깨고 나서 졸린 증상이나 나른함을 느끼는 확률이 낮을 뿐만 아니라 그 지속 시간도 짧기 때문이다. 깊은 수면을 취할 수 있는 1시간의 낮잠은 피로 회복은 물론 정서 안정과 스트레스 해소 및 기억력 향상에도 좋다. 1시간 30분의 낮잠은 부족한 수면을 충당하는 데 가장 효과적이고 창의적인 문제 해결 능력을 높이는 데 도움을 준다. 평소에 수면에 문제가 없고 최소 7시간 이상의 수면을 취한다면, 낮잠은 20분 정도가 가장 적당하다. 그러나 절대적으로 수면 시간이 부족하고 만성 수면 부족을 겪고 있다면 1시간이나 1시간 30분의 낮잠을 추천한다. 실제로 낮잠 카페를 이용했던 손님들 대부분은 따로 알람을 요청하지 않아도, 1시간 반이 지난 후에 저절로 잠을 깼다. 대략 1시간 30분 후에는 하나의 수면 사이클이 끝나면서 각성이 일어나기 때문이다. 낮잠 시간이 길수록 기상 후의 몽롱함이 사라지는 데 시간이 오래 걸리는 반면, 낮잠으로 얻는 효과와 지속력은 더 높아진다는 연구 보고도 있다. 하지만 2시간을 넘어가는 낮잠은 오히려 밤잠을 방해한다. 특히 중년과 노년의 경우 치매의 위험성을 높인다는 일부 연구 보고가 있으므로, 낮잠 시간은 2시간 이하로 제한하는 것이 좋다.

나는 그때그때 상황과 환경에 맞춰 낮잠을 자지만 평소에는 1시간의 낮잠을 즐기고 전날 잠을 잘 못잤다면 1시간 30분의 낮잠을 잔다. 이 낮잠 시간이 수면 부족 해소에 매우 효과적이고, 낮잠으로 얻는 효과를 가장 많이 누릴 수 있기 때문이다. 특히 이 시간의 낮잠은 깊은 수면과 렘수면 단계의 효과를 함께 얻으므로, 좀 더 높은 집중력과 문제 해결 능력을 요구하는 작업을 할 때 효과적인 전략이 될 수 있다. 나도 창의적인 아이디어나 결정이 필요한 일을 하거나 중요한 프레젠테이션 혹은 미팅이 있는 경우 1시간 30분의 낮잠 시간을 지킨다. 그러면 오후 업무의 성과가 확연히 달라지는 것을 경험할 수 있다.

사람마다 수면 컨디션과 피로도가 다르고, 생활 리듬도 다르기 때문에 자신에게 가장 필요한, 그리고 효과적인 낮잠 시간도 달라진다. 가장 좋은 낮잠 활용법은 자신의 상황과 여건에 맞춰 낮잠을 얼마나 자야할지 정해서 그 시간 동안 낮잠을 즐기고, 다양한 낮잠 시간에 따른 효과를 전략적으로 취하는 것이다. 하지만 다시 한 번 강조하는 것은 규칙적으로 낮잠을 자는 습관을 들여야 낮잠으로 얻는 효과를 극대화할 수 있다는 것이다.

10~20분의 낮잠: 각성, 집중력 향상. 인지 능력과 운동 능력 등 다양한 기능 향상

30~40분의 낮잠: 깊은 잠으로 넘어가는 단계이므로 깬 이후 30분간 피곤함이 지속됨

60분의 낮잠: 기억력 향상, 불쾌한 감정 처리 및 정서 안정, 피로 회복

90분의 낮잠: 기억력 향상, 정서적 긴장도 완화, 창의력 향상. 수면이 부족한 경우 수면 회복에 매우 효과적

낮잠 습관 들이기

낮잠을 잘 자고, 낮잠을 잔 후에도 상쾌하게 일어나서 오후의 시간을 활기차게 보내기 위해서는 낮잠 훈련이 필요하다. 처음엔 시간을 내서 낮잠을 자려고 해도 마음먹은 만큼 잘 되지 않는다. 첫 시도부터 완벽한 낮잠을 기대하기는 어렵다. 나도 그랬다. 평소에도 낮잠 자기를 좋아하고, 차로 이동할 때도 쪽잠을 잘 잤기 때문에 따로 훈련이 필요 없을 거라고 생각했다. 하지만 작정하고 낮잠을 자려고 하니 도통 잠을 잘 수가 없었다. 괜히 멀뚱멀뚱 시간만 버리는 건 아닌가 하고 불안한 마음이 올라왔다. 사실 초반에는 포기했다가 다시 또 시작하는 시도만 반복했다. 그러다 '되든 안 되든 낮잠을 계속 자자'는 마음을 먹고 그렇게 매일 낮잠 자는 도전을 한 지 3~4일째부터 신기하게도 낮잠을 푹 잘 수 있게 되었다. 그리고 좀 더 낮잠에 익숙해지니,

낮잠을 잘 시간이 되면 저절로 긴장이 풀리면서 몸이 잠을 잘 준비를 시작할 정도가 되었다. 처음엔 20분도 힘들었는데, 나중에는 매일 1시간의 낮잠을 자는 것이 익숙해졌고, 피곤한 날에는 1시간 30분의 낮잠도 부담 없이 즐길 수 있게 되었다.

이와는 반대로 낮잠을 너무 잘 자는 사람도 있다. 평소 수면 부족이 심하거나 피곤한 사람은 의자에 기대자마자 낮잠에 푹 빠진다. 그러면 낮잠으로 경험할 수 있는 최고의 행복을 맛볼 수는 있겠지만, 다음 번에도 같은 효과를 누릴 것이라는 장담은 어렵다. 낮잠 훈련이 안 되어 있으면 낮잠으로 개운한 날이 있고, 어떤 날은 오히려 몸이 더 피곤해지는 부작용을 경험할 수도 있다.

그리고 낮잠시간을 지키는 연습도 필요하다. 탈진이나 만성 피로가 쌓여 있으면 의도한 시간을 훌쩍 넘겨도 잠에 취해 깨어나기 힘들수도 있다. 하지만 그렇다고 계속 잠을 잘 수도 없는 노릇이고, 시간을 지키지 않고 낮잠을 자면 오후의 일정과 수면 리듬도 엉망이 되어버린다. 따라서 우리는 시간을 정해서 낮잠을 자고 알람에 맞춰 일어나는 훈련이 반드시 필요하다.

미국의 어느 30대 여성 직장인 블로거의 낮잠 실험을 소개하고자한다. 그녀는 낮잠이 얼마나 효과적인지 체험해 보기 위해서 7일 동안 직접 매일 규칙적으로 낮잠을 자보았는데 그녀는 그 결과가 가히혁신적이었다고 말하고 있다. '제 3의 눈이 떠졌다.'라고 표현할 만큼낮잠으로 변화된 자신의 모습을 발견한 것이다. 그녀의 이야기를 들으면 왜 낮잠도 훈련이 필요한지, 그리고 어떻게 낮잠을 자는 습관을 들일 수 있는지 알 수 있다. 그녀는 낮잠 훈련을 시작한 첫날부터 낮잠 잔 시간과 낮잠 후 피로 회복 정도와 일의 생산성 변화를 관찰했는데, 그 과정이 대부분의 사람이 낮잠을 자면서 겪게 되는 상황과 비슷하다. 아무리 피곤해도 잠이 오지 않고 오히려 낮잠을 자고 나면 머리가 아프기도 하다. 그러면 으레 '나는 낮잠이 필요 없는 사람이다. 굳이 낮잠 안 자도 피로한 줄 모르겠고 지금까지 낮잠 안 자고 잘 살아왔는데 안 오는 낮잠을 꾸역꾸역 자려고 할 필요가 있나?'라며 쉽게 포기하려고 한다. 하지만 여기까지 이 책을 읽는 독자라면 낮잠을 통해 나의 하루가 얼마나 달라질 수 있는지 알게 됐으니 아마도 당장 오늘부터 낮잠을 자보자는 생각을 하고 있을 거라고 믿는다. 그러니 절대 포기하지 말고 낮잠 자는 훈련을 시작해보기 바란다. 여기서 소개하는 그녀의 방법을 따라 해봐도 좋고 자신만의 낮잠 시간과 방법을 찾는 과정을 찾아가는 것도 좋다.

미국 직장인 블로거의 7일 낮잠 실험

그녀는 직장인이기 때문에 낮잠 방법으로 'Power nap'을 선택했다. 회사에서 매일 점심시간을 활용해 점심을 먹고 12시 30분부터 20분간 책상에 엎드려 낮잠을 자는 것이다.

낮잠 실험 전 그녀의 최근 상태

- 수면의 질이 좋고 나쁘고 상관없이 하루에 7시간 이상 잠을 자 본 적이 없다.
- 업무 중 피곤함을 자주 느끼고 하루 종일 하품하는 일이 많다.
- 확연히 일의 효율이 떨어진다는 것을 느끼고 있다.

Day 1 화요일

직장인이라면 당연히 겪는 월요병을 극복하기 어려우니 심리적으로 접근이 쉬운 화요일부터 시작하기로 한다. 알람을 22분으로 설정해 놓고 낮잠 자는 훈련을 시작했다. 여기서 질문, 왜 22분일까? Power nap의 낮잠 시간은 20분이지만 그녀가 의문이 들었던 점은 실제로 잠든 시간이 20분이어야 한다는 것인지, 아니면 자려고 눈을 감았을 때부터 20분인지 알 수가 없었다. 그래서 일단은 자신이 잠에 빠지는 시간까지 고려해 22분으로 알람을 설정한 것이다.

과연 그녀는 첫날부터 그녀는 낮잠 자는 데 성공할 수 있었을까? 수면 빚이 있는 상태였고 만성 피로를 겪고 있었지만 그녀는 계획한 대로 2분 이내에 잠에 빠져들 수도 없었을 뿐만 아니라 아예 낮잠을 잘 수 없었다. 사실 낮잠을 안 자본 사람이 처음 낮잠을 자려고 하면 20분 내내 잠이 안 오기도 한다. 몸이 낮잠에 익숙하지 않아 그런 것이기 때문에 당연한 현상으로 걱정할 필요는 없다.

Day 2 수요일

첫째 날과 같은 방식으로 같은 시간에 22분의 알람을 설정하고 낮잠을 잤다. 그런데 오히려 첫날보다 더 못 잤을 뿐만 아니라 일어나서 더 피곤함을 느꼈다. 자신이 뭔가 잘못된 방법으로 낮잠을 자고 있다는 것을 직감했다.

Day 3 목요일

다른 방법으로 낮잠을 자보려고 시도했다. 방법을 바꿔 잠들기까지 걸리는 시간을 포함해서 낮잠 시간을 그냥 20분으로 설정해놓고 잤다. 그리고 '잠드는 데 시간이 많이 걸리면 어쩌지' 혹은 '아예 잠을 못자면 어쩌지'와 같은 생각을 하지 않고 잠에 쉽게 빠질 수 있게 마음을 편안하게 갖도록 노력했다. 그녀는 꼭 숙면을 취하지 않아도 눈을 감고 쉬는 것만으로도 그 효과가 분명히 있을 것이라고 믿었다. 다행히 이번에는 얼마나 잤는지 모르지만 얼마간 잠을 잤고, 몸의 피로가 조금 사라진 걸 느낄 수 있었다.

Day 4 금요일

똑같이 20분의 알람을 설정하고 책상에 엎드렸는데 잠을 더 빨리 잘 수 있게 되었다. 오후에 피곤함이 확실히 덜했다.

Day 5 토요일

출근하는 날이 아니라 시간을 바꿔 12시 30분이 아닌 1시에 낮잠을 시도했는데, 20분 동안 최고의 낮잠을 경험했다. 짧은 시간이었는데도 빠르고 깊게 단잠에 빠졌을 뿐만 아니라 일어나서도 피곤함을 전혀 느끼지 못했다. 낮잠을 자고난 뒤 오후가 완전히 달라진 것을 느꼈다. 활기차고 기분 좋은 완벽한 날을 보낼 수 있었다. 드디어 제대로 된 낮잠에 성공한 것이다.

Day 6 일요일

토요일과 같은 방법으로 낮잠을 잤고 전날과 같이 황홀한 낮잠을 경험하게 되었다. 수면 부족의 피로가 사라지고 활력이 솟는다는 것을 느꼈다.

Day 7 월요일

It works! 드디어 낮잠 습관이 그녀에게 장착되었다. 회사에서도 쉽게 낮잠에 빠질 수 있게 되었고 낮잠 이후 시간은 더할 나위 없이 생산적이었다. 책상에 엎드리면 바로 잠들 수 있었고 찌뿌둥한 느낌 없이 상쾌하게 일어나 오후를 활기차게 보낼 수 있게 되었을 뿐만 아니라 수면 부족으로 인한 피로가 많이 사라졌다. 그리고 낮잠 자는 날이 많아질수록 그 효과가 더 크다는 것을 직접 경험하게 되었다.

낮잠 훈련을 시작할 때, 아마 대부분은 그녀와 비슷한 경험을 하게 될 것이다. 처음 낮잠을 자기 시작한 날은 아예 한숨도 자지 못하고 피로가 해소된다는 느낌도 거의 없을 수 있다. '그냥 하지말까?' 라는 생각이 들기도 할 것이다. 그래도 포기하지 말고 자신이 정한 낮잠 시간대와 낮잠 시간을 지켜보면 단 며칠 만에도 몸이 낮잠에 익숙해지는 것을 느끼게 될 것이다. 단 5분 10분이라도 시간을 정해 눈을 감고 쉬어주는 습관이 하루를 서서히 바꿔주는 것이다.

낮잠을 가장 잘
즐길 수 있는 방법

나만의 장소

낮잠을 잘 자기 위해서는 가장 먼저 자신만의 낮잠 공간을 찾아야 한다. 상황에 따라 매번 낮잠 장소가 달라지면, 아무리 낮잠 자는 훈련을 한다고 해도 잠이 쉽게 안 올 수 있다. 침구만 달라져도 달아날 만큼 잠은 생각보다 예민해서 가능하다면 같은 장소나 공간에서 낮잠을 자는 것이 효과적이다.

낮잠 공간으로는 조용하고 독립적인 장소가 좋다. 낮잠을 제대로 즐기기 위해서 꼭 신경 써야 할 부분은 바로 독립성이다. 주위 시선으로부터 자유로운 혼자만의 공간과 시간을 가져야 한다. 그래야 심리적인 안정을 얻고, 더 쉽게 잠에 빠지는 동시에 효과적으로 낮잠을 즐길 수 있다. 사실 직장인들은 이 부분이 최고의 난제일 것이다.

점심시간이나 오후에 잠깐 30분 정도 쉬는 시간이 생겨도 딱히 잠을 잘 수 있는 공간이 없다. 회의실이나 휴게실 소파에 누워 있기도 눈치 보이는 것이 현실이다. 의자에 기대거나 책상에 엎드려서 잘 수도 있지만 주위에 사람이 왔다 갔다 해서 소란스럽기도 하고, 동료의 시선이 신경 쓰일 수밖에 없다. 그래서 가능하다면 사람들의 방해를 받지 않는 공간을 찾는 것이 좋다. 회사 내에 낮잠방이나, 회사 근처에 낮잠 카페처럼 오롯이 낮잠만을 위한 공간이 있다면 낮잠을 자는 데 완벽한 환경일 것이다. 안타깝게도 낮잠 카페는 서비스를 종료해서 더 이상 이용이 불가능하지만 후발 업체들에 의해 다양한 형태의 휴식 카페, 수면 카페들이 전국에 생겨났기 때문에 그런 공간을 활용하는 것도 좋은 방법이다. 아니면 근처 병원에서 물리 치료를 받는 것도 추천한다. 조용하고 독립된 공간이기도 하고 침대에 드러누울 수 있다. 전기 근육 치료로 안마의 효과까지 누릴 수 있으니 일석이조인 셈이다. 게다가 직장인에게는 병원에 다녀온다는 핑계를 댈 수 있으니 낮잠을 자는 아주 좋은 방법인 것이다. 또 다른 낮잠 공간으로는 발 마사지 샵을 추천한다. 물론 매일 발 마사지를 받으면서 낮잠을 즐기기에는 비용 부담이 크지만, 가끔 꼭 필요하거나 시간이 부족할 때 활용하기에 매우 좋다. 발 마사지를 받으면 근육의 피로, 긴장과 스트레스도 날릴 수 있고, 잠도 잘 오기 때문에 효과적으로 낮잠을 즐기는 방법 중 하나다.

회사를 벗어날 수 없다면 빈 회의실을 찾아 아쉬운 대로 의자에 기대 낮잠을 자거나 회사 옥상에 올라가 벤치에 앉아서 눈을 감는 것도 좋다. 또는 주차장에 세워둔 차 안에서 혼자 조용히 쉬는 것도 좋은 방법이다. 비록 다리를 뻗고 편하게 낮잠을 잘 수 있는 환경은 아닐지라도 매일 차 안에 앉아 있으면 편안해지고, 마음이 누그러진다면 그것만으로도 낮잠의 효과를 누릴 수 있다. 그리고 사실 생각보다 많은 직장인이 회사 내 휴식 장소로 화장실을 선택한다. 다른 사람의 눈을 피해서 완전히 나 혼자 있을 수 있는 공간이 화장실 외에는 거의 없기 때문이다. 따로 휴식 장소가 마땅치 않다면 차라리 변기 뚜껑을 닫고 앉아서 10~15분 정도 눈을 감고 있는 것도 괜찮다. 이때는 꼭 낮잠을 자야 한다는 부담보다는 그저 잠시 눈을 감고 쉰다고 생각해야 한다. 적극적으로 내가 쉴 수 있는 나만의 낮잠 공간을 찾도록 노력하는 것이 중요하다. 《Optimized Napping Formula》 책의 저자는 사무실 바닥에 패드와 담요를 깔고 낮잠을 잔다고 한다. 미팅이 있거나 외부 활동이 있을 때는 미리 도착해서 15분 정도 차 안에서 잠을 청한다고 한다. 이렇게 낮잠을 위한 공간은 몸과 마음의 긴장을 풀 수 있는 편안한 장소면 충분하다. 그리고 휴식이 필요할 때마다 항상 그 공간을 찾는 것이 좋다. 그럼 앞서 소개한 연구 결과처럼 낮잠을 자는 것이 아니더라도 나만의 낮잠 장소를 떠올리는 것만으로 긴장과 스트레스가 사라지는 플라시보 효과도 동시에 얻을 수 있다.

그리고 최대한 조용한 곳을 찾는 것이 좋다. 주변의 소음과 같이 잠에 빠지는 것을 방해하는 요소를 차단할 필요가 있다. 혹시 주위가 소란스럽다면 이어폰을 끼고 화이트 노이즈를 듣는 것도 잠을 자는 데 도움이 된다. 나의 경우에는 주위가 소란스럽거나 잠 잘 환경이 여의치 않을 때, 핸드폰에 저장된 '숲속에 내리는 소나기' 파일을 들으면서 눈을 감는다. 낮잠 카페를 운영할 때도 새소리와 물소리 등의 자연소리를 틀어 두고 주변의 작은 소음들을 차단했다. 실제로 낮잠 카페 방문 손님들은 이 자연 효과음 때문에 잠을 더 편하게 잤다면서 집에서도 틀어 놓고 자겠다며 파일을 어디서 다운 받았는지 물어보곤 했다.

눕기

누워서 자는 것보다 앉아서 자는 것이 잠들기까지의 시간이 50퍼센트 이상 더 소요된다고 한다. 누워야 훨씬 더 빨리 잠에 빠질 수 있고, 조금이라도 더 길게 낮잠을 즐길 수 있는 것이다. 누울 수 있는 여건이 되면 가장 좋겠지만 그럴 수 없다면 다리라도 뻗는 것이 중요하다. 낮잠은 하루 활동 중간에 피로해진 몸이 휴식을 취하려는 자연스런 반응이고, 경도의 차이가 있을 뿐 대부분의 사람은 피로를 달고 살아가기 때문에 편안한 장소에서 다리를 뻗기만 해도, 혹은 머리를 누이기만 해도 쉽게 낮잠을 잘 수 있다.

생각 비우기

생각을 비운다. 일을 덜 끝냈다든가 또는 해야 할 일 등의 걱정거리를 머릿속에서 없애는 것이 중요하다. 낮잠 자는 시간만큼은 아무 생각하지 않고 오롯이 나를 위한 휴식에만 집중한다. 명상이나 호흡법도 도움이 되고 떠올리면 기분이 좋아지는 것들을 시각화하는 것도 생각을 비우는 데 도움이 된다. 예를 들면 여행지, 해변가 등 마음이 평온해지고 행복해지는 이미지를 그리는 것이다. 낮잠은 밤잠과 달리 휴식의 개념이 강하기 때문에 '숙면을 취해야 한다'는 생각으로 접근할 필요는 없다. '시간이 없으니 빨리 잠들어야 한다'는 강박이나 조급함을 느낄 필요도 없다. 그저 잠깐 '하루의 긴장과 피로를 푼다' 정도로 생각하는 것이 중요하다.

알람 맞추기

알람은 의도했던 것보다 더 길게 잠을 자는 것을 방지하고 '못 일어나면 어쩌나' 하는 심리적인 부담감도 없앨 수 있다. 대부분의 사람은 항상 수면 부족 상태이기 때문에 알람 설정 없이 낮잠을 자게 되면 몇 시간을 그냥 자버릴 수 있다. 낮잠 카페에 들린 손님 중에는 최대 6시간을 내리 잔 사람도 있었다. 다행히 그 손님은 남들에게 방해받지 않고 자려는 마음으로 작정하고 온 분이었다. 하지만 나는 혹시 회사에 돌아가야 하는데 일어나지 못하는 건 아닌지, 깨워야 하는 건 아닌지 안절부절못했던 적이 있다. 자신이 정해 놓은 시간에 일어날 수 있도록 알람을 설정해 놓자.

죄책감 갖지 않기

과학적인 연구가 이미 충분히 증명했듯이 낮잠은 생체적으로 자연스러운 반응일 뿐만 아니라 우리 몸에 굉장히 유익한 활동이다. 그러니 다른 사람이 자신을 어떻게 생각하는지, 혹은 낮잠 자느라고 자신이 시간을 낭비하고 있는 건 아닌지 하는 걱정을 하지 않아야 한다. 오히려 낮잠을 잠으로써 해야 할 일을 훨씬 더 정확하게, 집중해서 잘 끝낼 수 있다는 생각을 가지고, 낮잠 시간을 충분히 즐기는 것이 중요하다. 나는 오후에 처리해야 할 일이 중요할수록 낮잠을 자는 것을 더 중요하게 여긴다. 아침에 일어나서 습관처럼 마시던 차도 낮잠에 방해가 될까 봐 마시지 않을 정도다. 그렇게 낮잠을 자고 나면 오후 일의 성과가 완전히 달라진다. 항상 기대치보다 높은 결과를 만들어 낸다. 그러니 편안한 마음으로 낮잠을 자고, 낮잠으로 얻는 집중력, 업무 성과, 에너지 상승, 스트레스 해소, 정서 안정 등의 혜택을 마음껏 누리자.

땀 흘리기

운동 후 낮잠을 자는 것도 좋은 방법이다. 낮잠이 밤잠과 확연히 다른 것은 바로 체온의 변화이다. 밤잠은 체온이 떨어져야 숙면을 취할 수 있는 반면에 낮잠은 하루 중 체온이 가장 높을 때 훨씬 잠에 쉽게 빠져들 수 있다. 땀이 나는 운동으로 몸의 체온을 올린 후라면 쉽게 잠들 수 있을 뿐만 아니라 깊게 낮잠을 즐길 수 있다. 그리고 점심 식사 후에 운동을 하면 소화에도 도움이 되니, 혹시라도 식사 직후에 눕는 것이 부담스러운 사람들은 낮잠 전에 20~30분 정도 조깅이나 헬스 등으로 땀을 흘리는 운동을 하는 것이 좋다. 또한 오후의 운동은 밤잠에도 도움이 된다고 알려져 있다.

다양한
낮잠법

파워냅Power nap

가장 손쉽게 따라할 수 있고 가장 많이 알려진 낮잠 방법이다. 20분의 이 낮잠 방법은 깊은 수면으로 넘어가기 전에 깨어나서 낮잠을 자고난 후의 나른함과 졸림 증상이 적고, 낮잠의 효과를 짧은 시간 안에 최대한 누릴 수 있어, 특히 시간적 여유가 없는 직장인에게 많이 추천된다.

또한 파워냅은 직장인이나 긴 낮잠 시간이 부담스러운 사람들 혹은 낮잠 훈련을 처음 시도하는 사람들, 혹시라도 낮잠 때문에 밤잠을 설칠까 봐 걱정스러운 사람들도 손쉽게 시도해 볼 수 있는 방법이다. 겨우 20분이다. 어찌 보면 하루 중, 담배를 피우면서 보내는 시간이나 동료들과 카페에 들러 커피를 주문하면서 기다리는 시간보다 더 짧은 시간이다. 아무리 바빠도 하루 20분 정도의 시간 내는 건 어렵지 않다. 속는 셈 치고 20분만 눈을 감고 아무것도 하지 않은 채로, 나를 위한 휴식 시간을 가져 보자. 짧지만 강력한 효과를 느끼게 될 것이다.

커피 낮잠Coffee nap

낮잠을 자기 직전에 커피나 차를 마시고 자는 방법이다. 이렇게 하면 30분 뒤에 카페인의 효과가 나타나기 시작해서 낮잠을 자고 일어났을 때 카페인의 각성작용으로 훨씬 더 잘 깨어날 수 있을 뿐 아니라 낮잠의 효과와 카페인의 효과를 함께 누릴 수 있다고 한다. 러프버러 대학Loughborough University의 수면 연구팀에서 발표한 바에 따르면 커피를 먹고 낮잠을 잘 경우 그냥 낮잠을 잤을 때보다 더 개운한 기분을 느낄 수 있다고 한다. 또한 많은 연구가들이 커피나 차 등의 카페인을 섭취한 뒤에 낮잠을 자는 것이 매우 효과적이라고 얘기하는데, 카페인이 낮잠을 길게 자는 것을 방지하고(깊은 수면 단계에 이르지 못하게 해준다) 자고 일어났을 때도 피로함을 덜 느끼게 할 수 있는 방법이라는 것이다.

  단, 커피 낮잠의 효과를 얻기 위해서는 커피나 차를 마신 직후에 바로 잠을 자야 한다. 그 이유는 카페인 효과가 커피를 마신 후 30분 뒤에 시작되기 때문이다. 커피를 마시면 위에서 소장까지 내려가면서 카페인이 흡수되어 몸 전체에 퍼지는데 이 과정이 대략 45분 정도가 걸린다. 그리고 카페인 효과가 나타나기까지는 이보다 짧은 시간이 소요되는데 이 시간은 대략 30분이다. 그렇기 때문에 커피를 마신 후에 낮잠을 자면 30분 정도가 지난 후에 카페인의 각성 작용으로 저절로 잠에서 깨어나고, 일어난 후에도 졸리거나 피곤한 증상이 적은 것이다. 그리고 앞서 소개했던 파워냅 낮잠 시간인 20여분의 낮잠을 자는 데에도 카페인이 방해하지 않는다.

그리고 '커피 낮잠'이 효과적인 또 다른 이유는 'long tail(잔류)'라고 하는 카페인이 장시간 지속되는 영향 때문인데, 카페인이 간에서 대부분 분해가 되더라도 이로 인한 각성 효과는 이후 4~5시간이 지속된다고 한다. 그래서 낮잠에서 깬 이후에 낮잠의 효과로 오후의 생산성이 좋아지기도 하지만 카페인의 영향으로 그 효과가 극대화된다는 것이다. 하지만 개인별 카페인 민감도 반응이 다르기 때문에 정확하게 모두가 똑같은 효과를 기대하기는 어려울 것이다. 나는 낮잠을 자기 전에 커피나 차를 절대 마시지 않는다. 1시간에서 1시간 30분의 낮잠을 선호해서 커피나 차를 마시면 30분 뒤에는 저절로 깨버리게 되기도 하지만 차라리 낮잠을 자고 난 이후에 차를 마시면 남아있는 잠을 쉽게 몰아내고 더 개운하단 걸 느끼기 때문이다. 그래서 낮잠 카페 운영할 때도 손님들이 자고 일어난 뒤에 차를 테이크아웃 해서 받아갈 수 있게 운영했었다.

커피 낮잠을 시도할 때 주의해야 할 점은, 밤의 숙면을 해치지 않기 위해서 오후 2시 전으로 한정해야 한다는 것이다. 앞서 설명한 카페인의 'long tail' 작용으로 인해 그 영향이 4~5시간동안 지속되기 때문에 오후 늦게 커피를 마시게 되면 밤의 수면을 방해할 수 있다. 그리고 이것은 대략 한 잔의 드립커피 수준의 카페인을 섭취했을 경우이며 더 많은 양을 마시게 되면 그만큼 카페인이 더 오래 지속되어 우리 몸속에서 카페인의 영향이 사라지는데 더 많은 시간이 소요된다.

땅에 눕기 Earthing

쉽게 얘기하면 맨발로 땅을 밟는다는 의미로, 몸에 흐르는 전류가 맨발을 통해서 땅속으로 자연스럽게 흘러 몸의 질병을 막고 건강을 지켜준다는 원리이다. 이미 건강법으로 많이 소개가 되었는데 나는 이 '맨발 걷기'를 낮잠 자는 방법으로 가끔 활용한다. 걷는 게 아니라 그냥 드러눕는 것이다. 특별한 방법이 있는 것은 아니다. 공원이나 잔디밭에 누워 10분에서 20분 정도 눈을 감고 있는 것이다. 실제로 해보면 온몸에서 짜릿한 전기가 느껴지기도 한다. 잔디밭에 눕는 것은 휴식으로도 좋은 방법일 뿐 아니라 낮잠에 잘 빠지게 만들어주는 방법이기도 하다. 그리고 해외 출장 등으로 시차와 빠듯한 일정에 수면장애를 겪고 있다면 잔디밭을 단 5분이라도 맨발로 걸으면 수면 피로가 사라진다는 연구 결과도 있다.

외국에는 날씨가 화창한 날에는 너도 나도 공원에 나가 드러눕는 사람들을 쉽게 볼 수 있는데 그저 광합성 활동을 하는 정도라고 생각했다. 그런데 사실 이들은 Earthing 효과를 적극적으로 누리고 있는 것이다. 화창한 날 주말에는 공원에 나가 잔디밭에 드러누워 보고 도심 한복판이라도 자유롭게 근처 공원이나 잔디밭에서 잠시나마 누워 피로를 회복하면서 짧은 낮잠을 즐겨보는 건 어떨까?

가수면

따로 낮잠 시간을 내기 어렵다면 짧게라도 눈을 감고 휴식을 취하는 가수면을 일상생활 중 자주 취해주는 것도 좋은 방법이다. 예를 들면 버스나 전철 등으로 이동 시에 잠깐 조는 것이나 의자에 기대 눈을 감고 있는 것 등이다. 가수면은 깊은 잠을 잔다기보다 눈을 감고 쉬거나 아주 짧은 시간 동안 잠을 자는 Micro sleep(초 단위 잠: 1초에서 30초까지)을 취하는 것인데 이런 가수면을 자주 취해주는 것은 몸의 피로를 회복하고 에너지를 높이는데 효과적이고 낮잠을 잘 시간이 없는 날에 낮잠 대안으로 취하기 좋은 방법이다.

낮잠
Q&A

Q: Power Nap 을 시작해보려고 하는데, 꼭 20분을 지켜야할까?

A: 잠드는 데까지 시간이 너무 오래걸려 잠깐 잠이 들긴 했는데, 겨우 몇 분 정도밖에 못 잔것 같다. 그런데도 20분이 지나면 일어나야 하는 걸까? 이 질문에 대한 대답은 'YES'이다. 수면에 문제가 없는 건강한 성인의 경우, 낮잠에 빠지는 시간은 2-3분 정도라고 한다. 하지만 평소에 낮잠을 전혀 자지 않았던 사람들이 낮잠을 자려고 마음먹고 누우면 20분 내내 아예 잠을 잘 수 없는 경우가 종종 있다. 설사 그렇더라도 낮잠 시간은 20분으로 맞춰서 일어나는 습관을 들이는 것이 좋다. 단 며칠만 해보면 금세 우리 몸은 낮잠에 적응하게 된다. 잠에 빠지는 시간이 짧아지는 것은 물론이고 20분의 짧은 시간에도 충분한 숙면을 취할 수 있게 된다.

단, 사람마다 수면 단계에 이르는 시간이 다르기 때문에 30분을 Power Nap 시간으로 보는 사람들도 있다. 자신에게 맞는 낮잠시간을 아는 방법은 매번 시간을 달리 해서 직접 낮잠을 자보는 것이다. 20분도 자보고 30분도 자보면서 얼마나 잤을 때 좀더 개운하게 일어나지는지 몸의 상태를 확인하면 된다. 단 며칠만 테스트해보면 자신이 언제 수면 단계에 이르는지 알 수 있다. 또 다른 확인 방법은, 소파 밖으로 팔을 뻗고 손에 차 키를 쥐고 잠을 자 보는 것이다. 깊은 수면 단계로 넘어갈 때 손에 힘이 빠져나가면서 키가 바닥에 떨어지게 되는데 그 소리를 듣고 일어나서 시간을 확인하는 것이다. 깊은 수면 단계로 넘어가기 전, 수면 2단계가 끝나는 이 때가 바로 Power Nap 시간이다.

Q: 알람이 울려도 너무 졸려서 깰 수가 없다. 이럴 때 더 자도 괜찮을까?

A: 대부분의 사람은 수면 빚이 쌓여있기 때문에 낮잠을 잘 때 자칫하면 깊은 잠에 빠지기 쉽다. 이때다 싶어 우리 몸이 그동안 쌓인 수면 부족을 해소하기 위해 낮잠으로 어떻게든 잠을 충당하려고 하는 것이다. 만약 도저히 잠에서 깰 수가 없다면, '내가 그동안 정말 잠이 부족했었구나' 라고 생각하고 당장 오늘 밤부터 잠을 늘리려는 노력을 해야 한다. 그리고 시간적 여유가 된다면 낮잠 습관을 들이는 초반에는 1시간에서 최대 2시간까지의 긴 낮잠을 자는 것도 좋은 방법이다. 꾸준히 1~2시간의 낮잠을 자면서 서서히 수면 빚을 없애면, 나중에는 단 10분에서 20분의 짧은 낮잠으로도 충분히 개운하게 일어날 수

있을 것이다.

A: 물론 기본적으로 잠을 잘 자기 위해서는 어두운 환경이 좋지만, 낮잠을 잘 때는 굳이 어둡게 할 필요는 없다. 한낮에 공원에서 돗자리를 깔고도 잘 수 있는 것이 낮잠이다. 밤에는 어두워야 잠이 잘 오는데, 이는 수면 호르몬인 멜라토닌에 의해서 영향을 받기 때문이다. 그러나 낮잠은 수면 호르몬이 분비되어야 잘 수 있는 것도 아니고, 그저 휴식을 취하면서 자연스럽게 빠져들 수 있다. 낮잠 카페 사업 아이디어를 구상할 때, 카페 인테리어 공사를 할 때도 컨셉은 '최대한 밝고 따뜻하게'였다. 주위에서 "이렇게 밝게 해놓으면 어떡하나?" 며 암막 커튼을 치고 벽을 어두운 색으로 벽을 칠해야 한다고 만류했지만, 나는 의도적으로 따뜻한 크림색으로 벽을 페인트칠하고 밝은 색깔의 커튼으로 꾸민 창문을 활짝 열어 햇빛이 최대한 들어오도록 했다. 처음엔 "이렇게 밝은데 어떻게 자?"하고 회의적인 반응을 보이는 사람들도 있었지만, 그들도 그런 말을 한게 민망할 정도로 순식간에 잠들었다. 나는 오히려 낮잠을 잘 때 어둡게 해놓으면 일어나서도 왠지 기분이 우울해지고 의욕이 저하된다. 그래서 날이 흐린 날에는 일부러 불을 켜놓고 낮잠을 잔다. 따라서 낮잠 잘 때 특별히 빛에 구애받을 필요는 없지만 빛에 특별히 예민하다면 전등을 끄거나 안대를 착용하면 된다.

PART 06

다양한 낮잠 활용 사례
(ft. 낮잠 카페 손님들)

여기에 소개되는 에피소드는 낮잠 카페를 방문했던 손님이 실제로 낮잠을 즐기는 모습이다. 다양한 국적, 연령, 직종의 수많은 사람이 '휴식'이라는 공통된 목적을 가지고 낮잠 카페를 방문했고, 자신만의 방법으로 낮잠을 즐겼다. 이들의 이야기를 통해 낮잠이 최고의 휴식이자 일상의 활력소가 되는 생생한 모습을 목격할 수 있다. 또한 우리가 낮잠을 얼마나 잘 즐길 수 있는지, 그리고 어떻게 다양하게 활용할 수 있을지도 알게 해준다.

낮잠 자기의
다양한 활용 사례

Case 1.

야근이나 회식 있는 날 미리 낮잠을 자서 에너지를 채우는 직장인

근처 H 회사에 근무하는 어느 남성 직원은 가끔 낮잠 카페에 들러서 1시간 정도의 낮잠을 자고 갔다. 외부 미팅을 가장하기 위함인지는 모르겠으나, 항상 회사 수첩을 들고 오후 4시쯤에 방문했다. 사실 이 시간대에 낮잠 카페를 이용하는 직장인은 거의 없다. 한창 업무에 집중할 시간이고 업무 중간에 빠져나오기도 쉽지 않기 때문이다. 알고 보니 그는 야근으로 밤샘을 해야 할 때 오후 4~5시쯤 미리 낮잠을 자서 잠을 보충해 두는 것이었다. 이렇게 똑똑하고 전략적으로 낮잠을 자는 직장인이 있다니, 나도 낮잠 카페를 운영하면서 낮잠의 필요성을 외치고 다녔지만 오히려 내가 감동받았다. 그는 점심시간에 낮잠을 자러 온 적은 단 한 번도 없었지만, 가끔 오후 늦게 혼자 들러 그만의 완벽한 휴식을 취하고 갔다. 그가 방문하면 '오늘은 늦게까지 야근이 있는 날이구나'하고 혼자 생각했다.

그리고 회식 전에 낮잠 카페에 들러 잠을 자고 가는 직장인도 있었다. 근처 초등학교의 교사 두 명은 오후 5시쯤 퇴근 시간에 들러, 해먹에 누워서 잡지를 보고 쉬다가 낮잠에 빠져들었다. 회식이 늦게 끝날 것 같아서 회식 장소에 가기 전에 쉬다 가려고 낮잠 카페에 들렀다고 했다. 잠에서 깨면서도 "1시간만 더 일찍 와서 좀 더 잘걸. 늦게까지 회식이 이어질 것 같은데"라며 아쉬워했다.

물론 밤의 숙면을 방해하지 않기 위해서는 오후 4시 이후의 낮잠은 피해야 하지만, 이들처럼 야근이나 회식이 늦게까지 있는 날에는 오후 늦게라도 부족한 체력과 수면을 낮잠으로 보충하는 것이 좋다.

Case 2.
낮잠으로 회사 부서 단체 활동을!

2017년 봄 SK 그룹 계열사에서 직원들이 단체로 낮잠 카페를 방문해서 다 같이 낮잠을 자거나 휴식을 취하면서 1시간 30분가량 쉬고 갔다. 한 부서의 특별 활동인 것 같았는데 방문하기 몇 주 전에 미리 연락해서 전체 대관을 예약했다. 직원들이 수박도 들고 와서 나눠먹고 해먹에 누워 핸드폰을 들여다보거나 책을 보고, 낮잠을 즐기면서 자신만의 방법으로 휴식을 취했다.

'삼성 에버랜드'에서는 직원들 대상 워크숍인 '힐링 캠프'가 있을 때 팀원 전체가 방문해서 1시간에서 1시간 30분동안 낮잠을 자고 갔다. 매년 한 두팀씩 방문해서 낮잠을 자고 갔는데 이 힐링캠프 프로그램 중에 낮잠카페가 추천코스로 되어있다고 했다. 회사에서 보내서 왔다고 신기해하며 해먹을 골라 눕는데 얼마 지나지 않아 다들 깊은 잠에 빠져들었다. 정말 잘 쉬었다며 즐거워했던 직원들의 모습이 인상적이었다. 회사의 공식 활동이었으므로 결제도 당연히 당당하게 회사 법인카드로!

종종 이렇게 회사에서 자체적으로 알아보고 먼저 나서서 직원들이 휴식할 수 있는 활동을 지원하기도 했다. 어느 NGO 단체에서는 '힐링'이라는 주제로 낮잠을 자는 기획을 해봤다며, 전직원이 낮잠을 자고 갔던 적도 있다. 연말에 회식 장소로 낮잠카페를 선택했던 중견 기업도 있었다. 한 부서팀원들이 사장과 임원을 모시고 와서 연말에 다 같이 낮잠을 자면서 쉬고 갔다. 연말 줄줄이 잡힌 회식으로 지친 피로를 풀기 위해 방문했던 건지, 제대로 회식을 달리기 위한 전야제였는지는 모르겠으나 연신 신기해하며 들어선 임직원들은 낮잠을 푹 자고 일어난 뒤에 "송년회를 낮잠으로 하네요! 덕분에 연말을 잘 보낸 것 같다"는 감사 인사를 하고 나갔다. 이들의 낮잠카페 방문이 특별히 인상 깊었던 이유는, 직원들을 위한 회사의 열린 사고방식과 자유로운 사내 문화였다. 자세히는 알 수 없지만 직원들에게 쉬고 오라고 회사 밖의 낮잠카페에 보내는 것만 봐도 회사가 직원들을 대하는 자세를 알 수 있지 않다. 그리고 팀원들의 표정들도 긴장이나 경직되어 있지 않고 모두 밝고 편안해보였다.

Case 3.
출국 전 해외 바이어와의 낮잠

스페인 남성과 여성 한분이 함께 들어와서 정확히 3시에 꼭 깨워 달라고 나에게 부탁한 뒤, 각자 해먹에 누워 기절하듯 낮잠에 빠졌다. 두 사람이 나누는 대화를 듣고 이들이 출국 전에 낮잠 카페에 들린 것이고, 낮잠을 자고 난 후에 바로 공항에 가야한다는 것과 스페인 남성이 사업차 한국을 방문했다는 것을 알 수 있었다. 시에스타의 본 고장인 스페인에서 온 사람이 한국에서 즐기는 낮잠이라. 업무상 한국을 방문했지만, 그에게는 특별한 경험이지 않았을까.

이렇게 한국을 방문한 해외 바이어들은 시차와 바쁜 업무 일정으로 쌓인 피로를 낮잠으로 해결하기도 했다. 그뿐만 아니라 외국인 여행객들도 출국 전에 낮잠 카페에서 잠을 자고 갔던 경우가 많았다. 독일, 폴란드, 영국, 스페인 등 주로 유럽에서 방문한 여행객들이었는데, 장거리 비행 전에 미리 낮잠으로 잠을 보충하려는 것이다. 어떻게 알고 왔는지, 내가 더 신기할 정도였다. 이처럼 해외여행이나 해외 업무 때문에 생긴 시차로 수면 장애를 겪을 때 낮잠을 자는 것은 큰 도움이 된다. 또한 장거리 비행이나 환승 시에도 낮잠을 활용할 수 있는데, 실제로 싱가포르의 창이공항과 같은 전세계 주요 공항에서는 환승객들을 위해 낮잠을 잘 수 있는 공간과 다리를 뻗고 누울 수 있는 낮잠 의자를 갖춰 놓고 있다.

Case 4.
육아에 지친 젊은 부부의 낮잠

햇살이 따뜻한 어느 토요일 오후, 곤히 잠든 어린 아이를 안고 낮잠 카페에 들어선 젊은 부부. 북촌 마을에 나들이 하러 나왔다가 잠이 들어버린 아이를 재우러 카페에 들렀다며, 아이가 깨지 않도록 조심스레 해먹에 눕히고 그 옆에 부부가 나란히 누웠다. 이 가족의 모습이 너무나 사랑스럽고 단란해 보여서 저절로 미소가 나왔다. 몇 분 지나지 않아 이 젊은 부부는 완전히 기절해 버렸다. 얼마간의 시간이 흐른 후, 아이는 잠에서 깨어나서 해먹 안에서 꼼지락 거리고 있는데, 아이 부모는 좀처럼 깰 생각이 없었다. 육아 피로가 이렇게 힘든 것이다. 젊은 부부는 잠든 아이 때문에 찾아왔지만 결국 자신들을 위한 달콤한 휴식 시간을 가진 것이다. 재미있는 사실은, 아이 아빠가 뻗어버리는 경우가 대부분이라는 사실이다. 들어올 때 아빠가 아이를 안고 들어오지만 나갈 땐 엄마가 비몽사몽 하는 아빠와 아이를 간신히 깨워서 데리고 나간다. 실제로 낮잠을 가장 필요로 하는 사람들, 그리고 낮잠 효과를 가장 많이 보는 연령층은 30대 중반 직장인 남성이라는 연구 결과도 있다.

어린 자녀를 키우는 부부라면 주말 낮에 아이와 함께 낮잠을 즐겨

보는 건 어떨까? 직장 생활과 부모의 역할을 병행하는 건 누구에게나 힘든 일이다. 게다가 육아를 처음으로 겪으면서 부딪히고 배우는 초보 부부는 사실 어마어마한 스트레스를 감당해야 한다. 밤에도 아기가 울어 대는 통에 수시로 잠에서 깨서 극심한 수면 부족 상태에 놓인다. 직장 일로 생긴 피로도 만만치 않은데 그 피로를 풀 새도 없이 육아 스트레스가 가중되는 것이다. 이들에게 낮잠은 절실히 필요한 휴식이다. 건강을 되찾기 위해, 그리고 일과 삶의 균형을 찾기 위해서라도 낮잠을 활용해야 하는 것이다. 가능하다면 하루에 최소한 한 번 이상 낮잠으로 피로를 풀 수 있다면 좋겠지만, 여건상 어렵다면 주말 낮에 집에서 다 같이 낮잠을 자는 것도 좋은 방법이다. 햇살이 따뜻한 날이라면 근처 공원에 나가 잔디밭에 누워서 아이를 품에 안고 낮잠을 즐겨 보자.

Case 5.

초, 중, 고등학생 엄마들의 낮잠

겨울방학임에도 유치원 방학 프로그램 참여를 위해 아침마다 아이를 데려다 주는 엄마가 있었다. 아이 엄마는 유치원에 아이를 데려다 주고 곧장 낮잠 카페에 들렀다. 단 30분의 시간이었지만 그녀는 매일 같은 자리의 해먹에 누워 핫초코를 마시면서 오롯이 자신만의 시간을 즐겼다. 그녀는 잡지를 읽기도 하고 잠을 자기도 하면서 휴식 시간을 즐겼는데, 보는 내가 여유로워질 정도였다.

오후에만 꼭 낮잠을 자라는 법은 없다. 특히 학교를 다니는 자녀를 둔 주부는 남편을 출근시키고 아이 등교 준비로 아침을 전쟁같이 보내고 나면 9시나 돼서야 조용히 쉴 수 있는 휴식 시간이 생긴다. 홈쇼핑이나 드라마를 보거나 다른 엄마들과 카페에서에 수다를 떠는 것으로 이 시간을 보내기보단, 단 30분이라도 낮잠을 즐기는 것은 어떨까? 누구의 방해도 받지 않고 쉴 수 있는 이 시간에 낮잠을 즐기는 것은 자녀들의 학업과 남편 뒷바라지로 쌓인 피로를 회복할 수 있는, 지친 엄마들을 위한 아주 좋은 휴식이 될 것이다.

Case 6.
시험 준비로 밤새는 대학생들과 취준생, 수험생들의 낮잠

중간, 기말고사 시즌이 되면 어김없이 대학생들, 심지어 근처 고등학생들까지 낮잠카페를 방문했다. '전날 밤을 새서 졸려 죽겠다', '또 공부하러 가야해서 미리 낮잠을 자야 한다'고 찾아오는 것이다. 아마 이들은 깨우지 않는다면 하루 종일이라도 꿈쩍 않고 잤을 것이다. 알고 보면 성인보다 오히려 10대의 수면이 더 부족하다. 10대의 체내 시계는 성인보다 1시간 늦고, 권장 수면 시간도 1시간이 더 긴 9시간 이지만 학원 뺑뺑이에, 시험공부로 수면 시간이 절대적으로 부족하기 때문이다.

아무리 적정한 수면을 취해주는 것이 중요하다고 얘기해도 시험 기간의 대학생들이나 취준생들에게 잠은 시간낭비일 뿐이다. 시험 기간에는 잠을 어떻게든 줄여서라도 공부를 좀더 해서 좋은 성적을 받는 것이 중요하니까. 그래서 이들에게 낮잠은 더욱 중요해진다. 낮잠을 자는 것은 이들에게 단순히 잠을 보충한다는 의미만 있는 것이 아니라 성적도 향상시켜줄 수 있는 무기가 된다.('낮잠으로 시험 점수 높이기'편 참고)

Case 7.
한국을 방문한 외국인 관광객들의 낮잠

그들은 카페에 들어서자마자 "WOW"를 외치며 이곳이 자신들을 위한 완벽한 곳이라며 바로 해먹에 누웠다. 아침 8시부터 돌아다녔다는데 다리가 너무 아팠다고, 이런 공간이 있어서 너무나 다행이라며 1시간 뒤에 깨워달라고 했다. 하지만 시간이 되어 깨우면 어김없이 다시 1시간을 추가했다. 시차뿐 아니라 빡빡한 여행 일정으로 쌓인 피로가 만만치 않다. 일어나고 싶지 않아서 해먹에서 한동안 미적대다가 겨우 일어나서 "너무 잘 쉬었다. 이제 다시 걸을 수 있을 것 같다."라며 해맑게 웃으면서 너무 좋아했다.

낮잠 카페가 북촌에 위치했기 때문에 외국인 관광객 손님들이 많이 찾아왔다. 미국, 멕시코, 영국, 네덜란드, 독일, 호주 등 북미, 유럽 지역에서부터 홍콩, 싱가포르, 말레이시아 등 아시아에 이르기까지 정말 다양한 국가에서 한국을 찾아온 해외 여행객들이 낮잠카페를 방문했다. 지나다가 우연히 보고 쉬러왔는데 여행 중의 휴식이 정말 좋았다며 자신들의 SNS에 올리면서 나중에는 일부러 찾아서 오는 사람이 더 많았다. 심지어 아직 한국에 도착하기도 전에 미리 이메일로 도착 날짜에 맞춰 예약을 하기도 했었다. 휴식의 문화가 자연스럽게 형성된 나라에서 사는 이들에게 낯선 나라 여행 중 만난 낮잠 카페는 반가울 수밖에.

낮잠을 즐기는 방법과 목적은 이렇게 다양할 수 있다. 물론 오후에 규칙적으로 낮잠을 자는 낮잠 습관을 갖는 것은 나를 변화시키고 행복하고 건강한 인생을 만들어주는 성공 습관이다. 하지만 자신의 라이프스타일과 필요에 따라 적절한 낮잠을 통해 쉬어갈 수 있으면 그것으로 충분한 가치가 있다.

나는 지난 3년간 낮잠카페를 운영하면서 참 많은 사람들을 만났었다. 1살도 안된 갓난아이부터 20대 대학생 커플, 직장인, 회사 대표, 외국인 관광객, 젊은 부부, 초등학생 아이들과 부모, 중년 부부, 손녀와 70대 할머니까지, 연령도 직업도 정말 다양했다. 이렇게 다양한 사람들이 '낮잠' 이라는 공통된 목적으로 한 공간에 모여 있다는 것 또한 참 놀라운 일이었다. 10대 고등학생들이 옆 해먹에 누워 자고, 바로 그 옆에는 40대 직장인이, 그 맞은편에는 대학생 커플들이, 또다른 해먹에는 외국인들이 누워있는 모습이 참 흥미롭지 않은가?

처음에 낮잠카페를 시작했을 땐 단순히 직장인들을 위한 낮잠 공간이 필요해서였다. 그런데 단지 직장인들 뿐 아니라 모든 사람들이 낮잠을 필요로 하고 있고 피로에 지쳐 있다는 것을 실감할 수 있었다. 너도나도 할 것 없이 낮잠을 자러 왔다. 물론 호기심에, 해먹이 신기해서, 혹은 여기가 핫 하다니까 사진 찍으려고 온 사람들도 있었지만 결국 '기-승-전-낮잠' 이었다. 몇 분 지나지 않아 미동도 없이 잠에 빠져들었고 눕자마자 잠에 곯아떨어진 사람도 많았다. 누구나 할 것 없이 모두 피로에 지쳐있는 것이다. 그리고 그 잠깐의 낮잠으로도 얼마나 사람이 바뀌는지, 그 확연한 차이를 직접 목격하면서 낮잠의 필요성을 더욱 확신했다.

낮잠은 단순히 '잠을 좀 더 자자'가 아니었다. 숨 가쁘게 돌아가는 일상에서 나를 잃지 않기 위해 조용히 혼자만의 시간을 갖고 나를 돌아볼 수 있는 소중한 시간인 것이다. 하루에 잠시 쉬어가는 휴식은 인생을 좀 더 행복하고 즐겁게 살아갈 수 있게 만들어주는 원동력이다. 낮잠을 자고 나서 행복해하는 사람들의 모습을 수없이 목격했다. 자신들의 돈을 내고 이용하고 가는데도 매번 나에게 감사하다고, 정말 잘 쉬었다고 인사를 했다. 솔직히 내가 한 일은 낮잠 잘 수 있는 공간을 열어놓은 것 밖에 없었는데 말이다. 그것 말고는 그들에게 내가 제공한 서비스는 아무것도 없는데도 모든 손님들은 나에게 고마워했다. 잠깐의 휴식이 이렇게 소중하고 감사한 일인 것이다. 그리고 항상 그렇게 행복해하고 얼굴에 미소를 띠우며 문을 나서는 사람들을 보는 것이 나에게는 가장 큰 보람이었다. 낮잠을 자는 것은 단 한순간에 사람을 바꿔놓은 마법 같은 일이였다. 불안을 안정으로, 불평을 감사로, 찡그린 얼굴을 미소 짓는 얼굴로 바꿔 놓는 엄청난 일이었다.

오늘부터 시작하는
낮잠 프로젝트
'하루에 한 번
낮잠 자기Nap a day'

이제 '나는 정말 괜찮을까?'에서 체크해 보았던 나의 상태에 맞는 낮잠 훈련을 시작할 차례다. 각 체크 리스트의 첫 번째 문항에 해당되는 사람은 잠도 잘 자고 건강한 사람이다. 이 사람에게 추천하는 낮잠 방법은 Power Nap으로, 20분의 짧은 낮잠을 자는 것이다. 직장인이라면 점심 식사 후 12시 30분부터 20분의 낮잠을 자면 된다. 빈 회의실에 들어가거나 책상에 엎드려 휴식을 취하는 것도 좋은 방법이다. 가능하다면 1시 30분에서 2시쯤에 낮잠을 자는 것을 더 추천한다. 점심 식사 직후에 자는 것보다는 식후 30분에서 1시간 정도 지난 뒤에 낮잠을 자는 게 졸음을 해소하는 데도 효과적이고(가장 졸음이 몰려올 때가 바로 이 시간대이다), 오후 늦게까지 더 활동적으로 보낼 수 있다. 가능하다면 매일 규칙적으로 낮잠을 자는 것이 좋지만, 수면에 문제가 없는 이들에게는 일주일에 3~4번 정도도 적당하다.

다른 문항들에 해당된다면? 매일 낮잠을 자야 하는 사람이다. 해당되는 문항의 체크 개수가 많을수록 피로도가 높다는 의미이고, 대부분의 항목에 해당된다면 곧 탈진으로 이어지거나 우울증까지도 겪을 가능성이 매우 높은 위험 수위이다. 비상등이 켜졌으니 지금부터 당장 적극적으로 휴식을 취해 주어야 한다. 이들에게 필요한 낮잠은 매일 규칙적인 1시간~1시간 30분의 긴 낮잠이다. 12시에서 3시 사이에, 매일 같은 시간에 낮잠을 자도록 습관을 들인다.

만성 수면 부족인 사람은(평균 수면 시간이 6시간 미만) 1시간 30분의 낮잠이 가장 좋다. 이들의 경우, 되도록이면 누워서 잘 수 있도록 하고 낮잠 공간을 따로 마련하는 것을 권장한다. 이들에게는 낮잠이 휴식이라기보다는 잠을 보충한다는 의미가 더 크기 때문이다. 그리고 주말에 잠을 몰아서 잘 생각을 버리고, 평일과 같은 수면 시간대를 지키도록 한다. 대신 오후에 좀 더 긴 낮잠 시간을 갖는 것이 수면 건강을 되찾고 수면 리듬을 회복하는 데도 도움이 된다. 주말에는 최대 2시간까지 더 느긋하고 여유로운 낮잠을 즐겨 본다. 단, 이때도 낮잠을 자는 시간대는 12시에서 4시 사이로 유지한다. 이렇게 매일 낮잠을 자면서 수면 빚을 서서히 없애고 수면 리듬이 정상으로 돌아오면, 평상시에도 밤에 1~2시간 더 잘 수 있도록 노력해 주자. 곧 스트레스와 피로가 사라진, 건강하고 행복한 하루를 맞이할 수 있게 될 것이다.

낮잠으로
나를 바꾼다

 # 피로 # 수면 부족 # 짜증 # 스트레스 # 과식 # 과음 # 야식 # 수면 장애 #

불면증 # 우울증 # 불만 # 불평 # 운동 부족 # 불규칙한 식사 # 잦은 야근과

회식 # 불행 # 비만 # 야행성 # 건강 이상 # 고혈압 # 성인병 # 우울증 # 만

성 피로

지금 당신의 몸과 마음 상태는 어떤가? 어떤 해시태그가 현재 당신의 모습을 표현하는가? 이중 몇 가지라도 자신에게 해당된다면 당신은 변해야 한다. 행복하고 싶다면, 건강하고 싶다면, 성공하고 싶다면 지금 당장 당신의 하루를 바꿔야 한다.

하지만 쉽지 않다. 사람은 잘 안 변하니까. 남을 바꾸기 힘든 것 이상으로 나 스스로도 변하기 힘들다. 아침에 10분 일찍 일어나는 것도 거의 기적 같은 일이다. 독서, 운동, 자기 계발, 등 작심삼일에 그칠 계획들은 애초에 세우지 말아야 한다. '나는 안 되나 보다' 하고 자신이 더 한심스럽게 느껴져 자괴감만 들 뿐이다. 그런데 이제 그럴 필요가 없다. 훨씬 쉬운 방법이 있기 때문이다. 돈이 드는 것도 아니고 어렵게 노력해야 얻을 수 있는 것도 아니다. 단지 오후에 잠깐 눈을 감고 자는 것뿐이다. 낮잠은 작은 행동 하나도 바꾸기 어려운 우리를 변화하게 하는 아주 간단하고 손쉬운 방법이자, 나를 위한 가장 좋은 투자이다.

하기 싫은 일을 자꾸 미루는 습관처럼, 좀처럼 바뀌지 않는 나쁜 습관을 극복하기 힘든 이유는 뇌가 변화를 싫어하기 때문이다. 익숙한 것을 벗어나는 새로운 환경과 변화가 두렵고 불편한 것이다. 그래서 늘 하던 대로, 그 자리에 나를 머무르게 한다.

미국의 유명한 행동 변화 강사이자 작가인 멜 로빈스Mel Robbins는 행동을 일으키는 전략으로 '5초 규칙5 second rule'이라는 방법을 제안하고 있다. 이 규칙의 핵심은 뇌가 불편함을 거부하면서 우리가 행동을 망설이게 하기 전에 이것저것 생각하지 말고 일단 5초 안에 재빨리 행동을 하라는 것이다. 이 짧은 시간이 지나가면 뇌가 이미 행동하려는 마음과 의지를 꺾어 버리고, 불편하다는 신호를 보내기 시작한다. 그 전에 먼저 행동을 취하면 뇌의 전두엽이 활발해지면서 습관을 바꿀 수 있다고 한다. 그러나 나는 낮잠으로 습관을 바꾸었다. 그것도 아주 즐겁고 쉽게. 하기 싫은 무언가를 시작하려면 먼저 의지를 끌어내야 하고 의식적으로 움직여야 하지만 낮잠을 자고 나면 뇌가 알아서 움직인다. 뇌가 불편해하는 느낌을 밀어내면서까지 의도적으로 행동을 취하지 않아도 낮잠을 자고 나면 하기 싫어서 미뤄둔 일을 어려움 없이 해치울 수 있다. '5초 규칙'이 나의 의지와 노력으로 행동 변화를 이끌어 내는 방법이라면 낮잠 자는 습관은 자연스럽게 전두엽을 일깨우는 방법인 것이다. 인간의 의지란 유한한 자원일 뿐이고 몸의 놀라운 잠재력을 따라갈 수 없다. 내가 밤에 수면 시간을 지키는 것보다도 낮잠을 더 중요하게 생각하고 우선순위로 두는 이유가 바로 여기에 있다. 단순히 낮잠을 자면 피로가 해소되고 스트레스가 완화되기 때문만은 아니다. 낮잠은 뇌가 좋아하는 활동이기 때문이다. 낮잠을 자면서부터 나의 하루와 생활 습관, 심지어 성격까지도 서서히 바뀌기 시작했다. 자꾸 미루는 습관이 사라졌고 불안과 조급함, 긴장, 불만 등의 부정적인 감정이 없어지면서 긍정적이고 밝은 감정이 채워졌다. 나를 괴롭히던 완벽주의 성향과 강박증도 어느샌가 사라지고 매사에 느긋해지고 편안해졌다. 내 인생에서 중요한 가치를 발견하고 중요한 것에만 집중하는 여유와 시야가 생겼다. 낮잠으로 힘들이지 않고 자연스럽게 성공 습관을 갖게 된 것이다.

나도 처음에 낮잠을 자기 시작했을 때에는 두려웠다. 잠이 올까도 싶었지만 무엇보다 한창 활동 중이어야 할 오후에 잠을 잔다는 사실이 부담스러웠기 때문이다. 낮잠으로 일의 흐름이 끊길까 두려웠고, 너무 많은 시간이 허비될까 불안했다. 하지만 매일 낮잠을 자는 습관이 생기고부터 그 생각은 완전히 바뀌었다.

　낮잠 덕분에 스스로 만족하는 하루가 쌓이면서 나는 점점 더 행복해지고, 하루가 즐겁고 감사할 일로 가득 차게 되었다. 내가 바뀌니 주위 환경도 바뀌었다. 나와 마주치는 모든 사람들이 하나같이 나를 향해 미소 짓는 것만 같다. 계속 좋은 일들만 생기고 사람들은 모두 나에게 친절하다. 처음에는 '왜 이렇게 모든 사람이 나에게 우호적일까?', '왜 나를 보고 미소 지을까?'하며 의아했다. 그런데 생각해 보니 내가 변한 것이었다. 다른 사람이 나를 대하는 모습은 결국 나의 삶의 태도를 반영하는 거울이기 때문이다. 스스로는 잘 몰랐지만 낮잠을 자면서 행복하고 여유로워진 내 모습이 다른 사람들에게도 비춰졌기 때문에 그들도 나에게 행복한 에너지를 보내는 것이다. 자신이 불만과 스트레스로 가득 차면 주위 환경도 나쁜 방향으로 흘러간다. 더 많은 불평과 스트레스를 가져올 환경을 스스로가 만들기 때문이다. 만약 자신의 현재 상황이 고통스럽거나 불만족스럽다면 스스로 변화해서 자신이 행복해질 방법을 찾아야 한다.

　행복하고 충만한 하루를 보내는 데 가장 중요한 것은 자신에 대한 사랑과 자신이 보낸 하루에 대한 만족감을 갖는 것이다. 그리고 그 방법은 생각보다 간단하다. 바로 내 몸이 필요로 하는 적절한 휴식을 취하는 것부터 시작된다. 낮잠은 하루의 활동을 위해 몸이 필요로 하는 완벽한 휴식이자, 숨 가쁘게 돌아가는 일상으로 잃어 가는 자신을 되찾는 시간이다. 자신의 현재 상황을 어떻게든 개선하고 싶다면, 자신이 바라는 성공에 가까워지고 싶다면, 지금 현재 자신의 모습이 만족스럽지 않다면, 자신을 둘러싼 환경이 불만족스럽다면, 오늘부터 당장 낮잠 자기를 시작해 보라. 분명 변할 것이다. 낮잠은 당신을 건강하고 행복하게 바꾸는 데 기꺼이 도움을 줄 것이다.

초판 1쇄 발행 2018년 11월 25일
초판 2쇄 발행 2018년 11월 30일

지은이 정지은
발행인 홍경숙
발행처 위너스북
경영총괄 안경찬
기획편집 김효단

출판등록 2008년 5월 2일 제 2008-000221 호
주소 서울 마포구 토정로 222, 201호(한국출판콘텐츠센터)
주문전화 02-325-8901

디자인 김종민
지업사 월드페이퍼
인쇄 영신문화사

ISBN 979-11-89352-04-2 03190

이 도서의 국립중앙도서관 출판예정도서목록(CIP)은 서지정보유통지원시스템 홈페이지(http://seoji.
nl.go.kr)와 국가자료공동목록시스템(http://www.nl.go.kr/kolisnet)에서 이용하실 수 있습니
다.(CIP제어번호: CIP2018034981)